KB095427

출판학의 미래

부길만 지음

머리말

출판학의 미래를 위하여

이 책은 2014년 이후 최근 3년간 한국출판학회와 출판 관련 기관에서 진행한 세미나와 토론회 등에서의 주제 발표 및 지정토론 내용을 모은 것으로 그 주제는 출판학 연구의 미래 전망 및 출판 산업과 출판 연구의 방향 제시에 집중되어 있다.

제1부는 한국에서의 출판학 연구를 역사적으로 살핀 다음, 현재의 연구 상황을 점검하고 미래를 전망한다. 특히, 출판학 분야의 대표적인 학회인 한국출판학회가 처한 대내외적 여건을 분석하고 향후 과제를 제시한다.

제2부는 출판 통계, 해외 출판, 남북한 출판 교류, 지역 출판, 독서 운동이라는 5가지 주제를 중심으로 출판 산업과 출판학 연구가 나아갈 방향을 모색한다. 여기에서 거론하는 5가지 주제는 한국 출판산업의 질적인 발전을 위하여 심도 있게 논의해야 할 사항일 뿐만 아니라 미래의 출판학 연구에서도 중요하게 다루어야 할 내용이라고 생각한다.

출판학은 연구할수록 매력적인 학문이다. 출판학 연구의 매력은 우선, 출판학이 종합 학문적 성격을 지닌 데에서 드러난다. 즉, 출판학은 그 연구 영역이 매우 다양하고 광범위하게 펼쳐지기 때문에, 이러한 학문의 바다를 항해한다는 것이 커다란 즐거움이고 보람이 아닐 수 없을 것이다.

반면에, 출판학이 광대한 학문의 바다라는 성격 때문에, 연구에서 길을 잃고 무엇을 해야 할지 헤맬 수도 있다. 따라서 강력한 연구 의욕이 필요한 학문이라 할 수 있다. 출판학 초창기에 출판 실무자들이 출판학 연구를 주도하게 된 것도 낙후된 출판 현장에서 출판을 발전시켜야 한다는 확고한 비전을 공유함으로써 연구 의욕이 커진 데에서 생긴 현상으로 여겨진다.

다음, 출판학은 신생 학문이라는 데에서 또 다른 매력이 나오게 된다. 출판학은 그 역사가 짧고 연구자도 소수라는 한계가 있다. 그러나 출판 자체의 장구한 역사성과 다양성을 생각할 때, 소수 연구자들이 직면하게 되는 수행해야 할 연구 영역은 거의 무한에 가까울 정도로 열려 있다. 여기에서 출판학은 도전 의식과 개척 정신이 강한 연구자들이 시작할 수밖에 없었고 그 전통은 지금도 이어지고 있다.

다른 학문 분야와 달리, 출판학 분야에는 현직에서 은퇴한 이후에도 많은 연구자들이 학회에 참여하며 연구 활동을 하고 있는 이유가 이러한 출판학의 성격 때문일 것이다.

이제까지 성공적으로 이루어낸 출판학의 국제 학술 교류, 국내 학술 세미나 및 연구 발표 그리고 연구자들의 활발한 저술 활동 등은 앞으로도 계속 이어질 것으로 확신한다. 또한, 출판학 발전을 위한 제일차적 과제는 신진 연구자들을 지속적으로 확보하는 일이라고 생각한다. 특히, 문헌정보학, 역사학, 문학, 언론학 등의 전공 분야에서 출판에 관심을 갖고 있는 연구자들이 많이 나오고 있기 때문에, 이들과 교류하며 통섭의 학문으로서의 출판학을 더욱 폭넓고 심도 있게 전개해 나가야 할 것이다. 동시에 출판 관련 인접 학문의 전공자들도 독자적으로 출판을 연구할 수 있도록 성원해야 할 것이다.

이 책은 필자가 정년을 맞이하여 20년간의 대학교수 생활을 마무리하는 기념의 일환으로 발간하는 것이기도 하다. 필자는 정년 이후에도 출판학 연구를 계속하며, 후배 연구자들의 연구를 도와주고 격려하는 역할도 맡고 싶다.

이 책의 앞부분을 귀한 원고로 장식하여 격려해 주신 전 한국출판학회 회장 이종국 교수님께 깊은 감사를 전한다. 이 교수님의 메시지는 필자뿐만 아니라 현재 출판학을 연구하고 있는 분들, 장차 출판학을 전공하려는 미래의 연구자들에게도 커다란 격려가 되리라 생각한다. 아울러, 이 책의 발간을 맡아 주신 일진사 이정일 사장님께 깊이 감사드린다.

이 책이 출판학의 밝은 미래를 여는 데 도움이 되었으면 한다.

저자 씀

부 길 만

차례

출판 역사 연구와 미래 지향

– 부길만 교수의 학문 세계 탐구

1. 출판 역사 연구와 미래 지향
– 부길만 교수의 학문 세계 탐구

이 종 국
사단법인 한국출판학회 고문

1-1 글머리 — 왜 기록인가?

주로 문자를 매개 수단으로 삼는 출판은 오랜 세월에 걸쳐 문명사를 운재한 중심축으로 존재했다. 강조해 말할 나위도 없지만 '인류의 정신문명 형성에 기여'했고, 나아가 '신과 인간에 대한 지식을 확대'케 한 주역이 출판이었다(부길만, 2013, pp.viii~xi).

출판을 다른 이름으로 매긴다면 기록이라고 말할 수 있다. 기록은 문자나 그 밖의 기호로 어떤 현상이 이루어진 상황이나 과정에 대한 묘사 행위 그 자체이면서, 목격된 대상 또는 생각의 내용을 반영한 기술적 방법이라 할 것이다.

문자를 통한 기록 행위는 지식 정보의 양을 거듭 증폭케 했으며, 그러한 과정에서 분량과 깊이, 계열성과 구체성을 더욱 주밀하게 조직, 확장시켜 나갔다. 학문과 사상의 갈래 그리고 그것이 거듭 진화되고 확산되어 나간 역사적 과정에서 거대한 영향을 끼친 제반 사회 · 문화적 현상이 그와 같은 징험이다.

문화적 증폭 현상도 당연히 기록이라는 표현 · 전달 행위에 의한 뒷받침이 배경한다. 그래서 기록의 수단인 문자로써 보고한 제반 현상(現象)을 '문화'라 하며, 불모지를 경작하여 새로운 소득을 얻는 일 또한 '문화(culture)'라 일컬어 왔다. 이 때문에 기록의 역사는 곧 인류가 누려 온 총체적인 삶의 내용이라는 말과 같다.

대표적인 기록 수단인 책은 여러 형식의 표현재로 진화해 오면서 문화 내용을 담아낸 '그릇' 역할을 든든히 해 냈다. 이로써 새로운 지식을 당대와 후대에 전하고, 시대와 역사 속에서 사회를 일깨우며 지적 세계를 재창출, 재편성케 하는 등 엄청난 영향을 끼쳤다(Bolter, J. David, 2011, pp.3~4). 문자와 기록의 호응은 그처럼 놀라운 증거들을 남겼다.

문자는, '발화되자마자 사라지는' 소리 언어의 치명적인 단명을 항속적인 생명체로 부활시켰다. 그러한 역할을 감당하는 문자로 말하면 6000여 년의 장구한 문명사를 증언해 왔다(Toynbee, A. J., 1992). 출판과 책의 내력이 그와 같은 연륜 속에 용해되어 있다는 뜻이다.

그렇게 장구한 문자사의 흐름 끝으로 이 시대의 디지털 문화가 생성되었다. 디지털은 일상적이며 필수적인 조건인 채 혁명적인 변화를 거듭하고 있다. 그 중심에 책이 존재한다.

책이 생산되면서 시간과 공간을 뛰어 넘었다(Paul A. Winckler ed., 1980, p.3). 그것은 마치 저력의 도미노처럼 문화적 전이 효과를 창출하는 출판 행위로 가능했다(Harold A. Innis, 1995, p.21). 이로 하여 문명을 변혁케 했고 개인과 집단의 태도를 변용시켰다. 결국, 책이 불가분의 역할을 수행한 곳에서는 마침내 사회 혁명이 일어났다(Denies McQuail, 1987, p.32). 이러한 파악들은 여전히 유효하다.

그럼에도 오늘의 출판계는 새로운 상황을 경험하고 있다. 구리〔銅, 동활자; 1234〕로 전신을 장식했던 우리의 오래된 동활자 부대와 26조의 납 병정〔납활자; A~Z, 1445〕들이 보여 주었던 빛나는 활약상은 아득한 옛 이야기로 되돌려진 듯하다. 벌써 13~15세기의 일이므로 그저 '전설적인 업적'이라 말해야 적절할지도 모른다(이종국, 2015, p.24).

어느 순간에, 최신예 병력인 디지털 부대가 그 자리를 점령해 버렸다. 그들(디지털)에게 정복당한 것은 하나의 대세를 넘어 숙명적인 과정이라 할 것이다. 그런 전진 부대의 대오도 신속한 전열을 편성했다. 인공 지능(AI), 로봇, 빅 데이터, 3D 프린터, 사물 인터넷(IoT), 자율 주행 기기, 가상 현실, 증강 현실, 공유 경제, 드론, 스마트 시티, 클라우드 컴퓨팅, O2O(온라인과 오프라인의 결합) 등등 도무지 나열하기조차 버거운 수많은 '신기병군단(神機兵軍團)'이 전광석화처럼 밀어닥쳤다. 그것은 벌써 4차 산업 혁명을 가늠하기 어려울 정도로 모든 경계를 무너뜨렸다. 그네들이 순식간에 옛 영토를 접수해 버린 것이다.

이 때문에 모든 첨예한 과학 이론을 뒷받침하여 이 시대의 디지털 문명이 가능하도록 이끈 주역이 출판이지만, 결국 신기병군단으로부터 포위당해 있음을 본다. 그러나 중요한 것은 본질에 대한 재인식이다. 요컨대, 출판의 변혁이라는 것도 본래로부터 진화 · 팽창된 현상일 뿐이며, 그 본디가 바뀐 것은 아니기 때문이다(이종국, 2015, p.25).

1-2 역사 기록으로서의 출판

1. 출판은 역사의 기록 수단

출판의 역사는 표현 방법과 그 응용 기술이 불가분리의 관계를 유지하면서 오랜 내력을 이어 왔다. 이는 종이의 발명과 전파, 목판 인쇄를 거쳐 활판 인쇄술의 개발과 발달, 그리고 전 세계에 거대한 영향을 끼친 성서의 번역 출판과 그 확산, 그런 끝으로 이어진 산업 혁명의 일어남, 그리고 마침내 저작권 제도의 정착이 현실화되면서 정보화 사회와 전자 출판의 생성이라는 7단계로 간추릴 수 있다(부길만, 2008, pp.10~221).

강조해 말할 나위도 없지만, 이러한 다단계 과정은 지식 내용의 전파와 수용을 위해 필요로 한 합리적인 인식 대안이었다. 이 같은 노정을 하나의 명제로 함축하면 곧 '책의 역사'라는 말로 요약된다(부길만, 위의 책, pp.3~4). 다시 말해서, 책의 수단적인 형질이라는 것도 기록 매체에 본질을 둠으로써 역사를 진술하는 대표적인 증거 또한 출판이라는 등위 값으로 자리매김된다. 그것은 결국 기록으로 설명되는 개념이다.

이와 관련하여, 출판과 책에 주어진 본디는 아주 오래된 상용 어휘들에서도 엿볼 수 있다. 즉 기호(sign), 편집(edit), 책(book), 출판(publishing), 출판물(publication), 읽기(reading), 쓰기(writing) 그리고 처리기(processor)[1] 등의 전통적인 어휘들이야말로 인간 생활과 분리해서 생각할 수 없는 요건들임을 상기할 필요

---

1) 인쇄기의 발명과 함께 글쓰기의 기계화가 시작되었다. 글쓰기 기계를 processor라 부르기도 한다.

가 있다. 다시 말해서, 이러한 단어들은 어느 특정한 시대에만 제한적으로 존재하지 않는다는 재발견이다(이종국, 2011, p.320).

2. 앎의 내용을 품은 광맥

문자를 중심으로 한 기록의 기술은 원천적인 테크놀로지 중 하나이다. 테크놀로지는 원래 고대 그리스 인들이 어떤 아이디어를 현실화하는 슬기나 지혜를 말하는 '술(術)'의 뜻으로 사용한 '테크네(techne)'에 그 뿌리가 닿아 있다. 직물을 짠다(編), '적음', '적는다', '쓰다'라는 뜻이 대표적인 의미이고 보면, 어떤 특정한 대상에 대한 설명을 조직화하는 기술이 기록임을 알 수 있다. 기록은 보통 '쓰기'와 같은 뜻을 가진다. 시각적 인지 기호로서 기록의 수단인 문자에 대하여 상대적인 기호는 곧 소리이다(이종국, 2015, p.28).

소리는 그것이 사라지려고 할 때에만 존재한다(Walter J. Ong, 1995, p.112). 발화되자마자 사라지는 것이 소리의 속성이기 때문이다. 이는 소리가 지닌 치명적인 단점이기도 하다. 이에 비해 기록은 역사를 진술하면서 구원(久遠)한 삶을 산다.

머나먼 미래에 기록의 위상이란 어떤 모습일 것인가. 도무지 시대가 바뀌고 개념이 다른 문명의 풍습에 의해 그 본디가 잃어버린 흔적으로 남게 될지라도, 마침내 기록을 캐내려는 인간의 욕망은 결코 소멸되지 않을 것이다. 어떤 망각된 현상을 실제로 회복하려는 의지야말로 고등 동물인 인간이 지닌 문화적 본능이기 때문이다. 심리학에서 말하는 호기심의 발현이란 미지에 대응한 해답을 얻어내기 위한 첫 단초이기도 하다.

여기서 기록, 책, 출판의 의의가 지닌 중요성에 대하여 거듭 강조해도 모자람이 없는 것은, 이들 3대 주어가 세상의 이론을 담아내는 방법이며, 지식 그릇인 동시에 '앎의 내용'을 품은 광맥으로 존재한다는 사실을 재발견할 수 있기 때문이다.

1-3 출판 역사 연구의 재발견

1. 기록의 발굴이 의미하는 것

앞에서 "기록, 책, 출판의 의의란…세상의 이론을 담아내는 방법이며 지식 그릇인 동시에 '앎의 내용'을 품은 광맥으로 존재한다."고 지적했다. 그러므로 본디 광맥이란 존재가 그저 숨어 있는 대상이라면 아무런 효용 가치도 없다. 발굴자가 세상 밖으로 광석을 캐내어 드러내지 않을 경우, 그 광석은 단지 은폐된 돌덩이에 지나지 않을 것이기 때문이다.

역사의 발굴이라는 것도 그러한 상식과 연결된 현상임을 알게 한다. 역사를 역사이게 하는 것은 결국 기록의 발굴에서 찾는다(임희완, 1997, p.13).

그런데 출판학 연구자들이 보통 출판을 정의하되, 그 주어절을 '문자나 그림 등의 표현 수단'으로 인간의 사상과 감정을 전달하는 일련의 문화적 방법이라는 말을 쓰곤 한다. 다시 말해서, 문자가 주된 표현 수단이되 그림이나 그 밖의 것들도 동원된다는 뜻이다. 그러한 의미에서, 기록이란 반드시 문자로 된 것만을 뜻하지는 않는다. 이 때문에 어떤 조사 대상을 문자로 기록된 것(written records)과 문자로 기록되지 않은 것(unwritten records)으로 구분하기도 한다. 이것은 결국 우리에게 정보를 주는 모든 것을 기록이라고 보는 관점이다.

그리하여 오늘날에는 역사학에서 흔히 쓰고 있는 사료(historical material)라는 개념 이외에 데이터(data), 정보(information), 증거(evidence)라는 말을 사용하기도 한다. 이것은 지나간 사실을 조사하는 데 있어 단순한 기록뿐만 아니라 그것을 알아내는 데 필요한 일체의 방증 자료를 포괄하는 것이라고 말할 수 있다(임희완, 1997, p.27).

거듭 말하지만, 기록의 펼침은 출판 행위의 결과물인 책을 비롯한 여러 출판물로부터 찾는다. 기록의 광맥이 출판이라는 대창고 속에 뻗어 있는 까닭이다.

사람들은 문자를 사용하기 시작하면서 자기네 문자를 외방과 이민족들에게 전파하려 노력했다. 세력이 강한 나라는 피점령국의 문자를 폐기해 버렸으며, 그들 피압박민이 지어냈거나 사용해 온 서책과 모든 표현 매체들을 무자비하게 탄압했다. 이러한 현상은 상대적으로 기록의 역할이 그만큼 막중하다는 사실을 간파하고 있었다는 데 동인한다.

2. 출판 역사 연구를 향한 열정

일찍이 단재(丹齋) 신채호(申采浩)는 "서적이 없으면 그 나라도 없다."고 했다(신채호, 1908.12.18.). 책, 출판의 중요성을 웅변한 어록이다. 그는 진작부터 훈고사학(訓詁史學)을 민족사 속에서 찾으면서 기록의 의미가 왜 절실한 대상이어야 하는가를 깊이 숙고한 학자였다.

남애(南涯) 안춘근(安春根)은 출판사관을 말하되, '지난 일을 거

울삼아 오늘과 앞날에 지난 잘못을 되풀이하지 않고 보다 슬기롭게 새로운 발전을 꾀해야 한다.'고 전제했다. 그러면서 '출판의 역사는 새롭게 보자는 것이 아니라 바로 보자는 것이요, 부정하는 것이 아니라 보다 더 확실하게 하자는 것'이라고 밝혔다(안춘근, 1991, p.5). 요컨대, 출판 역사 서술의 준엄한 법칙이 '바른 보고(true description)'에 의거해야 마땅하다는 사실을 강조한 말이라 하겠다.

새삼스러운 지적이지만, 기록이 많은 나라에 사는 사람들은 행복한 국민이다. 기록이 많다는 것은 그만큼 뒷날에 전할 거리가 많다는 증거이기도 하다. 그것이 어떤 경우이건 보다 슬기롭게 새로운 발전을 꾀하는 희망을 선물해 줄 수 있는 원천이라는 점에서 그러하다. 그래서 기록이 없는 민족은 결국 역사가 없는 민족으로 전락하기 쉽다. 기록이 부실하면 역사에서 얻을 수 있는 교훈도 부실할 수밖에 없다(부길만, 2015, p.96).

여기, 출판 역사 연구로 지난 과반의 생애에 걸쳐 열정을 기울여 온 부길만(夫吉萬) 교수에 대하여 말하려 한다. 그를 통해서 출판 역사 연구의 현주소를 재발견할 수 있다는 사실은 참으로 행복한 만남이다.

특별히 거론할 필요도 없지만, 부길만 교수로 말하면 우리나라에서 가장 많은, 그리고 폭넓은 시야로 출판학 연구를 열어온 학자라는 정평이 나 있다. 그런 그를 출판 역사학자라 지목하는 것은 기록 문화의 변동 과정에 대하여 심혈을 다해 연구 · 정진한 끊임없는 열정을 발견할 수 있기 때문이다.

감히 말하지만, 필자가 부 교수의 연구 이력에 대하여 평설한다는 것은 분수에 합당한 일이 아닌 줄 안다. 그럼에도 독자로서 그의 서술을 엿본 연륜이 어느덧 30여 년이나 흘렀으니 꽤 오랫동안 학습해 온 셈이다. 그런 점에서도 부길만 교수에게 감사한다.

1-4 출판 역사 연구의 지평을 세계로 확대하다

1. 출판학 연구의 새로운 모색

부길만 교수가 추구하고자 하는 출판 역사 연구의 목표는 과거에 대한 열정이며, 그 열정 속에 항상 미래 지향에의 가능성을 열어놓고 최선을 다한다는 점이다. 특정한 부문만을 설정하면서도 그것에 머문 것이 아니라 늘 새로운 접근을 시도함으로써 연구의 지평을 다양화해 왔다. 이 때문에 출판 역사의 흐름을 바라보되, 우리나라의 출판 변천을 기점으로 하여 동아시아와 유럽 그리고 마침내는 세계로 시야를 넓혀 나가려 애썼다.

출판학 연구에 대한 부길만 교수의 시각은 이 영역의 학문이 지닌 학제 간(interdisciplinary) 위상에 있어 종합화 또는 통섭을 중시하는 데 기본을 두고자 했다. 이에 대한 전향적(前向的)인 가치야말로 더욱 중시되어야 할 관건임을 강조하고, '초창기부터 종합 학문 또는 학제학의 특성을 지녀온 학문이 출판학이므로 이제 그 전통을 살려서 우리 사회와 문화를 새롭게 통찰하고 새로운 비전을 제시하는 일에 앞장서야 한다.'고 주장한다(부길만, 2015.5., p.32). 이러한 생각은 출판 연구의 시야를 세계로 확대케 한 저변이 되었다.

그러면서 언론학, 역사학, 문학, 공학 등의 연구들을 출판학으로 끌어들여 학문적 외연을 넓히고 심화 · 발전시켜야 한다고 보았다.

강조해 말하지 않더라도, 그러한 주장은 출판이야말로 문화 창조와 전파에 가장 적합한 역할을 기대할 수 있는 변함없는 전통의 이어짐에서 확인할 수 있기 때문이라는 것이다. 요컨대, 출판을 통해 구현해야 할 역사적 사명을 그와 같은 당위성으로 설명하고 있음을 본다(부길만, 위의 논문, 같은 쪽 참조).

이 같은 사관을 장비한 부길만 교수의 연구 업적을 살펴보노라면 참으로 열심히 정진해 왔다는 사실을 엿보게 된다. 그는 60여 편의 논문과 14책에 이르는 저서를 생산했다. 그 밖에 신문 · 잡지 등 저널리즘 쪽에 기고한 출판 평론 또는 칼럼류까지 셈한다면 쉽게 어림하기조차 어려울 정도다. 예컨대, 한 일간지에 출판 칼럼을 연재하여 우리 출판 역사의 흐름을 소개했는가 하면, 유수의 인문 잡지에도 책과 출판에 관련된 전문 기고를 멈추지 않았다.[2)]

부 교수는 1985년에 영국 유학을 마치고 나서 다시금 해외 견문을 넓혔다. 그러한 선택은 치열한 자기 수련의 기회였으며, 사고의 폭과 깊이를 단련한 소중한 경험이었다.

귀국 후로도 현장에 뛰어들어 자기 실험을 실천하는 데 최선을 다했다. 두루 알려진 바와 같이, 한길사와 범우사 등 유수의 출판 기업들에서 기획 · 편집 책임자로 직무하는 가운데 많은 양서를 편집 · 제작하는 작업으로 맥진했던 것이다. 그런 만큼 당초부터 연구

2) 일간지 기고란, 2010년 9월부터 2012년 6월까지 《국민일보》에 「출판으로 본 기독교 100년」이란 주제로 28회에 걸쳐 연재한 것을 말한다. 부길만은 이 연재를 통하여 우리의 근 · 현대 시기에 이룩된 여러 기념비적인 출판물들이 기독교와 사회 · 문화 발전을 위해 어떻게 작용했으며 또한 어떤 영향을 주었는가를 알기 쉽게 서술하여 독자 일반으로부터 큰 호응을 얻었다. 그는 계간 《시와 문화》지에도 2008년부터 「한국 출판 역사 이야기」란 주제로 정력적인 연재(동지 통권 제8호부터)를 계속하고 있다. 이 역시 출판 역사 이해에 관한 널리 대중적인 확산 효과를 지향하고자 한 노력의 일환이다.

실 지킴이 쪽보다는, 그간에 연마한 실무 수련을 바탕 삼아 이론을 궁구하고, 그러한 토대에서 보다 전향적인 연구로 한길을 걸어온 학자가 그였다. 이 같은 모습이 부 교수가 갖춘 차별적인 이력이기도 하다.

그런 부길만 박사가 천착해 온 출판학 연구는 여러 분야에 닿아 있다. 원론적인 연구를 기반으로 하여 출판 기획, 출판 산업, 출판 유통, 출판과 독서 등 제반 출판 현상과 관련된 여러 양태와 발전적인 대안들을 대상으로 한 연구가 그러한 유형들이다. 이에서 그의 시야가 넓고 깊게 조명되고 있는데, 이 모두가 우리 학계에 귀중한 학문적 보고로 뒷받침되고 있음은 강조해 말할 나위도 없다.

2. 출판 역사 연구의 새 지평을 열다

앞에서 말한 바와 같이, 부길만 박사가 추구해 온 연구들은 하나의 공통점으로 일관되어 있다. '출판역사 연구'가 그것이다. 그는 출판을 책 문화의 변천이라는 프리즘을 통해 바라보고자 했다. 그것은 결국 모든 분야에 걸친 부문별 변환 과정인 동시에 거대한 역사적 전개로 확산되고 있다는 사실을 의미한다.

이와 같은 인식에 기반하여 부 교수가 내보인 초기 연구 중에서 주목되는 성과를 든다면 『한국 출판문화 변천사』(1992)라 할 수 있다. 이 저술은 본격적인 출판 역사 연구[3)]가 극히 희소하던 시절에 학문적 지향을 함께 하던 고 백운관(白雲官) 교수와 힘을 합해 이룩한 노작이기도 하다.

『한국 출판문화 변천사』는 벌써 4반세기 이전에 나온 저술이지만, 여전히 새로운 끼침을 주는 역저로 남아 있다. 특별히 이 책이 주목되는 이유는 문화 산업의 중대 축을 출판이라 보고, 그 핵심 인자인 책의 유통 현상을 중심 관건으로 천착하고 있다는 점에서 유의미를 찾게 된다. 물론, 출판 유통사에 관한 연구 업적도 이 책이 초기적 사례라는 특성 또한 겸한다.

저자는 이 책을 통해 '한국 도서 출판물 유통사의 시대 구분'을 제시함으로써 이 분야 연구에서도 첫 업적을 기록했다. 여기에서 시대 구분의 기준을 '출판 행위의 상업성 여부', '전문 유통 채널 존재 여부', '도서 유통의 변화', '정치사회적 변동의 고려'라는 4개의 대항목으로 나누었다. 그러면서 우리나라의 도서 출판물 유통사를 역사 서술의 보편한 틀인 고대, 중세, 현대의 3대별 체계로 대분류하고, 이 상위 가름 안에 10개 하위 제재를 종속시킴으로써 시대 구분상의 완정성을 내보였다. 이 같은 연구 방법은 독특한 발상이었으며, 오늘날까지도 그러한 논리가 널리 참고되고 있음을 본다.

새삼스러운 되짚어봄이지만, 예의 이 책은 매년 우리나라의 출판 성과를 총정리한 『한국출판연감』 중 역대 통계(1946~) 부문에서도 어김없이 소개되곤 한다.

그 관련 안내를 보면 다음과 같다. 즉,

---

3) 1992년 이전에 나온 통사적 관점에서 출판 역사를 다룬 주요 저술 업적은
안춘근(1987). 『한국출판문화사대요』. 청림출판.
안춘근(1991). 『옛 책』. 대원사.
윤병태(1992). 『조선 후기의 활자와 책』. 범우사.
등이며, 다양한 시각으로 조명한 출판 역사 및 여러 매체별(교과서, 단행본, 잡지 등) 연구는 1969년에 한국출판학회가 창립을 본 이래로 많은 누적 성과를 보였다. 이에 관한 종합적인 통계는 다음 자료를 참조하기 바람.
이종국(2016.5.). 「한국출판학회의 창립과 초창기의 학회 활동에 대한 연구」. 『한국출판학회의 과거, 현재, 미래』(한국출판학회 제31회 정기학술대회 발제집). 한국출판학회. pp.34~35.

> 출판사 수의 정확한 집계는 1970년대 이후부터이고, 그 이전 통계는 『한국 출판문화 변천사』를 참조

라고 되어 있다. 과거의 통계는 위의 책에 명시되어 있으므로 거기를 보라는 안내인 것이다. 요컨대, 지나간 시대로 거슬러 오를수록 이런저런 통계를 밝혀내기 어려움에도, 뒷날의 편의에 이바지한 저자의 공력을 알게 해 주는 대목이다.

부길만 교수의 출판역사 연구는 점차 성과의 켜가 누적되면서 그 지형도를 광역화해 나간다. 우선, 우리 출판을 역사적 관점으로 다룬 저술 업적을 보면, 『조선 시대 방각본 출판 연구』(2003)에서 하나의 총화적 위상을 엿보게 된다. 이는 조선 시대에 민간에서 판매를 목적으로 간행한 출판물들에 대한 사회사적 의의와 그 변동 과정을 서술한 역저로 유명하다.

우리 출판 역사의 경우, 앞에서 말한 『한국 출판문화 변천사』(1992)를 필두로 하여 『한국 출판 산업사』(공저, 2012), 『한국 출판 역사』(2013), 『한국 출판의 흐름과 과제 1, 2』(2014)[4]로 이어지고 있다. 이로 보아 큰 범주에서 하나의 일련성을 보여 준 연구 성과인 셈이다. 이것이 마침내 『출판기획물의 세계사, 1, 2』(2013, 2015)로 대단위 확장을 보게 된다. 그리하여 국제 출판 연구(국제간 비교 연구를 포함)라는 광역 접근으로 이행되고 있음을 본다. 그의 시각이 통과된 프리즘은 그렇게 광대한 역사적 조감을 커버하고 있었던 것이다.

이와 관련된 연구들도 여러 다양한 성과를 낸 바 있다. 예를 들면, 「구텐베르크 활판 인쇄술 등장의 역사적 의의」(1993), 「밀턴의

아레오파지티카에 나타난 출판관」(1999)이라든지, 「산업 혁명기 유럽의 출판에 관한 연구」(1995), 「1990년대 한·일 출판 산업 비교 연구」(1998) 등이 그와 같은 사례들이다. 이 같은 연구들은 우리 학계에서 당연히 선행되었어야 할 대상들이면서도, 실제로는 상식의 허실이라 할 정도로 이렇다 할 만한 진전을 보이지 못하던 끝에 이룩되었다. 그런 점에서도 부길만 교수가 이뤄낸 이러한 일련의 연구야말로 특별하고도 의미 있는 성과들이었다고 평가된다.

그런가 하면, 공동 연구자로 참여하면서 현지 실사 결과물인 『독일의 통일과 출판 시장 통합 연구』(2006), 『러시아 출판 산업 혁신의 성과와 전망』(2007) 등도 빼놓을 수 없는 소득들이라 하겠다. 이에 관해서는 또 다른 역저인 『출판 산업 발전과 독서 진흥』(2014)에서도 국가별 대상을 확대하여 재론한 바 있다.

그의 탐구는 특히 1990년대 말을 넘어서면서부터 거의 해를 거르지 않고 잇따라 성과물을 발표하는 등 왕성한 연구 열정을 보여 주

4) 『한국 출판의 흐름과 과제 1, 2』는 우리나라의 출판 문화사를 '흐름' 및 '정책과 과제', 그리고 이를 통합적으로 진단한 '한국 출판학의 흐름과 과제', 이렇게 3대 체계로 제시하여 논의한 2책의 연구 묶음이다. 주로 《한국출판학연구》, 《출판연구》, 《출판잡지연구》 등 전문 학술지에 발표한 논문을 취합하여 수정·보완하는 체제로 엮었다. 저자는 특히 이 책에서 출판물의 유형별 개발 역사를 정리하여 큰 관심을 끌었다. 우선, '흐름'편에 내보인 주요 분야별 제재를 보면 사전 출판의 역사, 경제·경영서 출판의 역사, 예술 도서 출판의 역사, 어학 도서 출판의 특성, 철학 서적 출판의 역사, 역사서 출판의 역사, 전기물 출판의 역사, 전집 출판의 역사 등으로 대별했다. 그리고 '정책과 과제' 편에서는 도서 정가제의 역사, 한국 출판 진흥 정책의 현황과 개선 방향, 통일과 출판의 과제 등으로 되어 있다. '한국 출판학의 흐름과 과제' 편에서는 출판학 연구 50년을 정리해 보였고, 출판학 연구의 동향과 과제, 한국 출판 문화사의 시대 구분, 출판·잡지사 연구의 동향과 과제 등으로 나누어 출판학 연구가 걸어온 과거를 조감하고 미래 지향 방향과 비전을 제시했다. 이 책은 부길만 교수가 추구해 온 우리나라 출판 역사에 대한 총결산 편에 해당되며, 그의 후기 연구 성과를 집대성한 노작으로 평가된다.

목된다.[5] 부길만 교수는 늘 조용한 모습이지만, 그의 내면에 불덩이 같은 탐구 열정이 솟아나고 있었던 것이다.

그런 부 교수는 표현 행위가 존재한 시원으로부터 오늘에 이르기까지 책의 조성과 이용 과정을 살핀 『책의 역사』(2008)를 저술하여 문화 매개 활동이 전개된 오랜 노정을 해부하기도 했다. 출판에 대한 세계사적인 지평의 확대는 이 책이 교두보였던 셈이다.

나아가 『동아시아 출판문화사 연구 I』(공저, 2009)도 내보였는데, 이는 특히 17세기에 있어 우리나라와 중국, 일본 3국 간의 출판 교류와 그것이 지닌 역사적 의의 및 위상을 논의함으로써 다시금 연구 지평을 넓히는 데 이바지했다.

그러한 과정에서 세계사의 운행이 결국 위대한 출판물에 의한 영

---

5) 부길만 교수가 발표한 출판 역사 부문의 주요 논문을 보면 다음과 같다.
「구텐베르크 활판 인쇄술 등장의 역사적 의의」(1993). 정산민병덕박사화갑기념논문집 간행위원회 편.『정산민병덕박사화갑기념논문집-출판문화연구-』. 인쇄문화출판사.
「《대한매일신보》의 잡지관에 대한 고찰」(1999.2.). 《출판잡지연구》 통권 제7호, 출판문화학회.
「파인 발행의 《삼천리문학》과 《만국부인》 연구」(2001.11.). 《출판잡지연구》 통권 제9호, 출판문화학회.
「17세기 한국 방각본 출판에 관한 고찰」(2002.9.). 《출판잡지연구》 통권 제10호, 출판문화학회.
「안성판 · 경판 · 완판 방각본의 비교 연구」(2003.12.). 《출판잡지연구》 통권 제11호, 출판문화학회.
「한국간행물윤리위원회의 활동에 관한 사적(史的) 연구」(2004.12.). 《출판잡지연구》 통권 제12호, 출판문화학회.
「출판 · 잡지사 연구의 동향과 과제」(2006.12.). 《출판잡지연구》 통권 제14호, 출판문화학회.
「세종 시대의 활자와 출판」(2008.12.). 《출판잡지연구》 통권 제16호, 출판문화학회.
「한국 출판문화사의 시대 구분에 관한 연구」(2009.6.). 《한국출판학연구》 통권 제56호, 한국출판학회.
「제1공화국 시기의 출판에 관한 고찰」(2011.12.). 《출판잡지연구》 통권 제19호, 출판문화학회.
「개화기 선교사들의 한글 연구와 활용에 관한 연구」(2012.12.). 《출판잡지연구》 통권 제20호, 출판문화학회.

향에 힘입어 가능했다는 학문적 신념을 이론적으로 설파한 『출판 기획물의 세계사 1, 2』(2013, 2015)를 상재하기에 이른다. 저자는, '인류 역사와 함께 성장한 출판문화는 정신문명 형성에 크게 기여해 왔다.'고 전제하고, 고대부터 현대에 이르기까지 인류가 이룩한 대표적인 출판 기획 편집 저작물을 모두 20종으로 선정 · 정리하여 10종씩 분재해 그 저작물의 성립 배경, 내용, 역사적 의미, 사회적 파장 등을 조명하고자 했다(부길만, 2013, p. v).

이로 보아 인류사를 이끈 저작물들도 독특한 기준(사자의 서, 마하바라다, 벽암록, 구글, 위키피디아 등 포함)으로 선정했을 뿐만 아니라, 책의 규격이나 분량 면에서 검소한 체제임에도 어떻게 그처럼 방대한 역사를 휘갑할 수 있었는지 사뭇 놀라운 저술 기획력을 보여 준다. 더구나, 축약이나 절부해 낸 흔적이 전혀 드러나지 않은 넉넉한 서설의 내보임과, 각각의 단원별 도입부 설정, 충분한 내용 전개, 그리고 참고 문헌의 구체적인 제시 등으로 보아 가위 압권으로 다가온다. 언필칭 '작지만 큰 책'이 따로 없음을 본다.

글의 작성은 고도의 기술이다. 부길만 교수가 내보인 일련의 저술 업적들에서 그와 같은 놀라운 주밀함을 엿본다. 이처럼 슬거운 만남도 흔하지 않다는 생각이다.

1-5 맺음말 — 출판의 영원함, 책 세상의 깃발을 위하여

필자는 부길만 교수의 정년기념문집 기고를 빙자하여 그가 남긴 학문적 발자취를 학습하려 나름대로 노력했던 것 같다. 그러한 과정에서 '출판학자 부길만'의 끼침을 어림하기란 간단한 일이 아니었음을 고백한다. 그에게는 제도적 의미의 이른바 '정년'에 이르렀을지언정 그런 따위의 경계선이 별반 의미도 없을 줄 안다. 여전한 현재형이 그를 설명해 주는 모습이기 때문이다. 다시 말해서, 읽고 쓰고 발표하며, 다시금 새로운 모색을 거듭하는 일이 그의 삶이요 인생인 것이다.

그런 부길만 교수의 역동성은 정부나 주요 기관들에서 마련한 연구 과제들에서도 단연 큰 업적으로 나타난다. 이 분야의 연구들은 1990년대부터 여러 발전적인 아이디어를 제시하여 새롭고 실질적인 정책을 시행하도록 힘썼다. 이를테면, 연구 책임자로, 또 공동연구자로, 그런가 하면 자문위원으로 참여하여 우리의 출판 산업 발전을 위해 앞장섰다. 이에 관해서는 큰 범위의 것만 간추려도 20여 건에 이른다.

이러한 모든 노력들은 결국 출판 연구를 필생의 업으로 선택한 숙명적인 과업이기에 가능했다. 부길만 교수에게 있어 하나와 열이 '출판'이라는 화두로 연결된다는 의미이다.

세상이 바뀐다 해도, 또 표현과 전달 방식이 아무리 진화할지라도, '생각의 내보임'(出版)은 매양 동일한 추구로서 중차대한 조건이 된다. 바뀐 것은 그것대로 원천적인 인지 대상일 수밖에 없다. 요컨대, 문자와 책 또는 어떤 유형의 배열이거나 심지어 모종의 무질서한 인지 대상일지라도 알아내고 식별한다는 면에서 보면 과거와 미래의 것이 본질적으로 동일한 지향성을 가질 수밖에 없다는 뜻이다.

가령, 1만년 이후의 인간이 1만년 이전에 존재한 21세기사를 알아내기 위해서는 당시대에 사용된 표현 수단과 그 배열의 집합물인 출판물을 찾아내야만 보다 구체적인 접근이 가능하게 된다. 이는 결과적으로 1만년 이후의 인류사 속에서도 어떤 형식이든 출판과 그 공표 행위가 존재할 수 있다는 예측을 가능케 한다. 이러한 가설들은 이미 아날학파는 물론이요, 기록의 중요함을 일깨운 모든 선험자들이 한 목소리로 동의한 미래안이기도 하다.

시대와 문명의 풍습이 급변할수록 이른바 네그로폰테식 예단—머지않아 문자가 소멸되고 책 · 신문 등의 출판물 또한 사라진다는 '겁 주기식 언설'들이 횡행하게 마련이다. 그런데 보라. 지금 이 글이 쓰인 행렬을 이동하면서(읽어 보면서) 쉽고 간명한 판독을 즐길 수 있지 않은가? 또, 문자열이 배열된 모양새가 아름답지 않은가? 우리는 이러한 물음들에 대하여 기탄없이 동의하게 된다. 물론, 미래에 내보일 모습 또한 더욱 뛰어난 효용성을 발휘하게 될 것이다. 결국, 출판이란 매개 활동은 형식과 그것을 표현하는 재료가 무엇이든 간에 얼마든지 진화하고 팽창될 수 있다는 당위성으로 귀결된다.

출판 연구의 진정한 목적도 미래에 대응한 남김(전수)의 노력에 있다. 이러한 파악은 출판에 대한 보다 깊이 있고 적극적인 연구가 요청된다는 사실을 알게 한다. 바로 그런 점이 출판 연구를 지향하는 총체적인 과제로서 중요하다.

거두어지지 않는 책 세상의 깃발. 그런 모습이 미래의 그날들에서도 변함없이 이어졌으면 하는 바람을 적바림해 본다.

이제 부길만 교수는 오랫동안 몸담았던 정든 캠퍼스를 떠난다. 떠난다는 것은 또 하나의 자유로운 세상과 만남을 기약하는 시발점을 의미한다. 그것은 휴식과 재충전의 기회인 동시에 다시금 새로운 어우름을 기대케 하는 출발이기도 하다. 이른바, 실존주의에서 말하는 일엽편주설이 그런 경우를 두고 말함인데, 쪽배를 타고 망망한 바다 위에 떠 있는 사공에게는 동서남북 어느 방향을 선택하든 자유가 주어져 있다. 이를 말하여 '불안한 자유(an insecure freedom)'라 회자하기도 한다. 그러나 새로운 희망을 찾아 떠나는 항해가 아니런가. 제2막의 펼침은 그렇게 시작되리라고 믿는다.
(2017.2.10.)

■ 참고문헌

부길만(1992). 『한국 출판문화 변천사』(공저), 타래.

부길만(1993). 「구텐베르크 활판 인쇄술 등장의 역사적 의의」, 정산민병덕박사화갑기념논문집간행위원회 편, 『정산민병덕박사화갑기념논문집-출판문화연구-』, 인쇄문화출판사.

부길만(1995.12.). 「산업 혁명기 유럽의 출판에 관한 연구」, 사단법인 한국출판학회 편, 《'95출판학연구》, 범우사.

부길만(1997). 『현대출판론』(공저), 세계사.

부길만(1998.5.). 「한 · 일 출판 산업 비교 연구」, 《출판잡지연구》 통권 제6호, 출판문화학회.

부길만(1999.2.). 「《대한매일신보》의 잡지관에 대한 고찰」, 《출판잡지연구》 통권 제7호, 출판문화학회.

부길만(1999). 「밀턴의 아레오파지티카에 나타난 출판관」, 정산민병덕교수정년기념논총간행위원회 편, 『정산민병덕교수정년기념논총: 출판문화산업의 이해』, 일진사.

부길만(1999). 『멀티미디어시대의 전자출판』(공저), 세계사.

부길만(2001.11.). 「파인 발행의 《삼천리문학》과 《만국부인》 연구」, 《출판잡지연구》 통권 제9호, 출판문화학회.

부길만(2002.9.). 「17세기 한국 방각본 출판에 관한 고찰」, 《출판잡지연구》 통권 제10호, 출판문화학회.

부길만(2003.12.). 「안성판 · 경판 · 완판 방각본의 비교 연구」, 《출판잡지연구》 통권 제11호, 출판문화학회.

부길만(2003). 『조선시대 방각본 출판 연구』, 서울출판미디어.

부길만(2004.12.). 「한국간행물윤리위원회의 활동에 관한 사적(史的) 연구」, 《출판잡지연구》 통권 제12호, 출판문화학회.

부길만(2006). 「독일 통일 과정에서 배우는 교훈」, 범우출판문화재단 엮음, 『독일의 통일과 출판 시장 통합 연구』, 범우사.

부길만(2006.12.). 「출판 · 잡지사 연구의 동향과 과제」, 《출판잡지연구》 통권 제14호, 출판문화학회.

부길만(2007). 「새롭게 부상하는 러시아의 출판」, 범우출판문화재단 엮음,『러시아 출판 산업 혁신의 성과와 전망』, 범우사.
부길만(2008). 『책의 역사』, 일진사.
부길만(2009). 『동아시아 출판문화사 연구 Ⅰ』(공저), 오름.
부길만(2009.6.). 「한국 출판문화사의 시대 구분에 관한 연구」,《한국출판학연구》 통권 제56호, 한국출판학회.
부길만(2011). 「제1공화국 시기의 출판에 관한 고찰」,《출판잡지연구》 통권 제19호, 출판문화학회.
부길만(2012). 「개화기 선교사들의 한글 연구와 활용에 관한 연구」,《출판잡지연구》 통권 제20호, 출판문화학회.
부길만(2012). 『한국출판산업사』(공저), 한울.
부길만(2013). 『한국 출판 역사』, 커뮤니케이션북스.
부길만(2014). 『출판산업 발전과 독서진흥』, 일진사.
부길만(2014). 『한국 출판의 흐름과 과제 1, 2』, 시간의물레.
부길만(2013, 2015). 『출판기획물의 세계사 1, 2』, 커뮤니케이션북스.
부길만 외(2015). 『공공 기관의 상업 출판 행위 실태와 문제점 및 대책 연구』(사단법인 대한출판문화협회 연구 과제), 대한출판문화협회.
부길만(2015.5.). 「출판학 연구의 과거, 현재, 미래」,『출판학 연구의 과거, 현재, 미래』(한국출판학회 제29회 정기학술대회 발제집), 한국출판학회.
김상호(2000). 『기록보존론』, 아세아문화사.
민병덕(1969). 「출판학 서설」, 한국출판학회 편,《출판학》 제1집, 현암사.
안춘근(1966.12). 「출판학원론」.《성균》 제17호, 성균관대학교 교지편집위원회.
안춘근(1987). 『한국출판문화사대요』, 청림출판.
안춘근(1991). 『옛 책』, 대원사.
윤병태(1992). 『조선 후기의 활자와 책』, 범우사.
이종국(2006). 『출판연구와 출판평설』, 일진사.
이종국(2011). 『교과서 · 출판의 진실』, 일진사.
이종국(2015). 『편집 출판학 연구 총설』, 패러다임북.

이종국(2016.5.). 「한국출판학회의 창립과 초창기의 학회 활동에 대한 연구」, 『출판학 연구의 과거, 현재, 미래』(한국출판학회 제 31회 정기학술대회 발제집), 한국출판학회.

임희완(1997). 『역사학의 이해』, 건국대학교 출판부.

차하순 편(1996). 『사관이란 무엇인가』, 청람문화사.

신채호(1908.12.18.). 「구서간행론—서적출판가 제씨에게 고함」, 《대한매일신보》.

Denies McQuall, *Mass Communication*(2nd. ed.), London: Sage Publication Inc., 1987.

Harold A. Innis, *The Bias of Communication*, Toronto: University of Toronto Press, 1995.

Jay David Bolter(2011). *Writing Space*—Computers, Hypertext, and the Remediation of Print(2nd. ed.). New York: Routledge.

Michael Gurevitchet al. ed.(1992). *Culture, society and the media*. New York: Routledge.

Paul A. Winckler ed.(1980). *History of Books and Printing*. Englewood: Information Handling Services.

S. H. Steinberg(1996). revised by John Trevitt(4th ed.). *Five Hundred Years of Printing*. London: The British Library & Oak Knoll press.

Toynbee, A. J. 지음, 지경자 옮김(1992). 『역사의 연구 Ⅰ, Ⅱ』, 범우사.

Walter J. Ong 지음, 이기우 · 임명진 옮김(1995). 『구술문화와 문자문화』, 문예출판사.

제1장 출판학의 역사와 전망

1. 출판학 연구의 과거, 현재, 미래
2. 한국출판학회의 전망과 과제

1 출판학 연구의 과거, 현재, 미래*

1-1 머리말

이 원고는 한국 출판학 연구의 과거 역사 및 현재의 연구 경향과 성과를 살펴보고, 그 미래 전망과 과제를 논의하기 위한 것이다.

출판학은 최신 학문, 곧 역사가 가장 짧은 학문의 하나라 할 수 있다. 대개 짧은 역사의 학문은 해당 분야의 성립 또는 사회적 수요와 관심이 생겨난 지 오래지 않았기 때문에 일어나는 현상일 것이다. 그러나 출판 자체는 인류의 기록 문화와 함께 시작하는 것으로서 장구한 역사를 지니고 있고, 사회적 수요나 관심 역시 매우 높았다고 볼 수 있다.

그럼에도 출판의 학문적 정립은 매우 더딘 걸음을 걸어왔다. 출판학은 1960년대 이후에야 한국과 일본을 중심으로 시작되었다. 한국에서 출판학이라는 용어가 나온 것이 겨우 1960년대이고 대학에 전공 과정이 생긴 것은 1980년대 초반이다.

이처럼 그 역사가 일천하지만, 출판학은 우리의 낙후된 출판문화를 발전시키기 위한 이론적 정초를 만들어야 한다는 확고한 사명의

* 2015년 5월 29일 한국출판학회 주최로 서울 가톨릭청년회관에서 열린 학술대회〈주제 : 출판학 연구의 과거, 현재, 미래〉에서 발제자로 발표한 논문을 수정 · 보완한 것임.

식 속에서 출발했기 때문에 급속하게 커졌고 널리 퍼져 나갈 수 있었다.

그러나 최근 대학에서 인문학이 홀대 받는 등 학문적 기류가 흔들리고 있는 가운데 출판학 전공 또한 위축되는 위기를 맞고 있다. 물론 대학에서의 전공 위축 여부와 상관없이, 학회와 뜻있는 연구자들은 자신들의 연구를 심화함과 동시에 학문적 외연을 넓히며 출판학의 지속적인 발전을 위해 노력하고 있다. 이번의 세미나 역시 이와 같은 중요한 노력의 하나라고 생각한다.

여기에서 다루고자 하는 출판학의 과거 역사는 안춘근 저술의『출판개론』이 나온 1963년부터 2009년까지를 대상으로 한다. 이 시기 출판학의 전개 과정을 개척기, 정착기, 발전기의 3기로 나누어 소개하고자 한다. 이와 아울러 국제 출판교류의 성과를 살펴본다. 출판학의 현재로는 2010년 이후부터 최근 5년간의 활동을 검토하고 출판학의 미래를 논의하고자 한다.

1-2 출판학 연구의 과거 역사

1. 출판학의 성립

'출판학'이라는 용어가 등장한 것은 안춘근이 1966년 12월「출판학원론」이라는 논문을《성균》(제17호)에 발표하면서였다. 이 논문은 매우 선구적인 시도인 바, 그 의의를 다음과 같이 말할 수 있다(이종국, 2004, pp.201~202).

위의 논문은, 출판연구에 대한 관심조차 전무한 상황 속에서 발표되었을 뿐만 아니라, 그 기록성에 더하여 매우 중요한 의의를 지닌 '사건'이라 말할 수 있다. 왜냐하면, 출판연구가 볼모지인 상태에서 '학'으로서의 학문임을 선언하고 있었기 때문이다. 이는 출판학연구를 지향하고자 한 초기적 단서로 나타난 특별한 발상인 동시에 대담한 시도이기도 했다. 이로써 출판은 하나의 중요한 매체연구 영역으로서 학문적으로 추구해야 마땅하다는 최초의 문제제기를 기록했다. 요컨대, 영역학 분야로 본 '출판학'을 연구해야 할 필요성과 타당성을 기정화시킨 단호함을 내보였던 것이다.

어떤 학문이든 그 출발은 평탄하지 않다. 이강수(2000)는 "학문의 선구자란, 마치 거친 황야에서 외롭게 길을 찾지 못하는 민중들에게 길을 인도해 주는 모세와 같은 사람"이라고 전하며, "사회학의 시조인 오귀스트 꽁트(A. Conte)도 그랬고, 매스커뮤니케이션 학문의 경우 윌버 슈람(W. Schramm)도 그러한 사람들이다. 사회과학 영역에서 젊은 과학의 선두격인 사회학도 그렇지만, 매스커뮤니케이션이 사회과학의 한 하위 학문으로 발전해 온 오늘이 있기까지는 말할 수 없는 학문적 멸시와 천대가 뒤따랐다."고 알려 준다. 이어서 "정도의 차이는 있지만, 안춘근 선생님을 생각하면 그런 분들과 비교하게 된다. 안춘근 선생님은 그런 분들보다 더 외롭게, 더 거친 학문적 황야에서 출판학을 부르짖으시다가 가신 분이다."고 평한다.

이러한 상황 속에서도 출판학 연구에 뜻을 두었던 안춘근과 민병덕을 비롯한 몇몇 동지들은 6년 후인 1969년 3월 한국출판연구회를 발족시켰고, 그해 6월 22일 한국출판학회로 개칭하고 창립총회(회장 안춘근)를 열어 본격적인 학회 활동에 들어갔다. 창립총회에서 결의한 회칙에서 밝힌 학회의 목적은 다음과 같다. "이 회는 출판에 관련된 여러 분야의 역사적 · 현상적인 면을 조사 · 연구하여 학문적으로 체계화하고 과학화함으로써, 학문과 출판문화 발전에 기여함을 목적으로 한다."

학회에서는 중요한 사업으로 1969년 8월 학회지 《출판학》 창간호를 내놓았다. 학회지 발간 사업은 이후 계속되어 오늘까지 이어진다. 한편, 1981년 중앙대 신문방송대학원 석사 과정에 출판 전공이 개설됨으로써 연구자들이 대거 등장하기 시작하였다. 이후 출판학은 보다 확고하게 정립되어 나갈 수 있게 되었다. 이러한 출판학의 성립 과정에서 나타난 특징을 다음과 같이 정리하고자 한다(부길만, 2014a).

첫째, 출판학의 학문적 정립은 우리의 출판문화를 발전시켜야 한다는 사명감과 문화 의식이 강했던 출판계 실무자들에 의해서 시작되었다. 즉, 한국의 출판 풍토를 개선해야 한다는 뚜렷한 목표 의식을 지닌 출판계 종사자들에 의해 출판학이 이루어졌다는 점에서 의의가 크다.

이것은 학문의 태동부터 우리의 상황과 현실에 기반을 두었음을 의미한다. 여타 분야의 학문이 외국에서 수입된 이론이나 학문에 의해 시작된 점과는 큰 차이를 보이는 현상이다. 다시 말하면, 대부분의 학문들이 우리 현실에 뿌리를 두고 우리의 문제를 학문적으로 해결하기 위해서 발생한 것이 아니라, 외국의 이론을 먼저 수입하고 그 이론에 맞추어 우리 현실을 해석하려는 경향이 강했던 것이 사실이다. 때문에 그것이 우리의 현실과 잘 들어맞는 경우도 있지만, 현실과 이론이 서로 동떨어진 경우가 비일비재했다. 정확한 현실 진단과 올바른 대안 및 방향 제시가 학문의 과업이지만, 우리 토양에 맞지 않는 외국 것의 무분별한 수입, 어찌 보면 수입을 위한 수입, 학문을 위한 학문이라는 비판이 종종 제기되어 왔다.

이에 비할 때, 한국 출판학의 성립은 온전히 출판계 종사자들의 힘으로 현실과 이상을 조화시킨 우리의 학문으로 정립하려 했다는 점에서 그 의미가 크다.

둘째, 이러한 문제의식은 학회 활동 초기부터 실질적이고 구체적인 출판의 제반 문제에 관심을 갖게 하고 출판계의 문제 해결을 위한 이론화 작업을 강조하는 것으로 나타난다. 한편, 이러한 노력은 연구가 기능적이고 실무적인 면에 치중되었다는 지적을 낳기도 한다. 그러나 초기 실천적 관심 표명으로서의 연구는 당시 감에 의한 출판, 어깨 너머로 배우는 출판을 전문화하고 체계적으로 이론화하는 작업을 시도함으로써 우리의 출판과 출판학 연구를 한 단계 끌어올리는 성과를 가져온다.

셋째, 출판 활동은 그 속성상 인문 사회 과학은 물론이고 이공계 학문이나 예술론을 포함할 정도로 다양하고, 출판학도 학제 간 학문이라는 말이 나올 정도로 복합성을 지닌 학문이다. 이에 따라 출판학 연구도 광범위하고 다양하게 전개되는 점이 그 특성이라 할 수 있다.

넷째, 둘째의 실천적 관심과 맞물리는 특성이기도 하지만, 출판학 연구 성과는 시대에 맞는 상황 대처와 함께 출판의 나아갈 방향을 제시하는 역할을 해오고 있다는 점에서 의의를 찾을 수 있다. 예를 들면, 한국이 세계 저작권 조약에 가입하게 됨으로써 저작권 환경이 변할 때, 출판 시장의 개방이 임박할 때, 통일 문제가 대두될 때, 전자 출판이 새로운 출판 기술로 등장할 때 등 시기시기마다 현실적 대처 방안과 함께 방향 제시를 이론적으로 내린 점이 연구의 의의요, 특성이라 할 수 있다.

2. 출판학 연구의 역사

(1) 출판학 연구의 시기 구분

출판학 연구의 역사는 연구의 성격 및 활성화 정도를 기준으로 다음과 같이 3기로 나눌 수 있을 것이다.

제1기(1963~1981년) : 개척기
제2기(1982~1999년) : 정착기
제3기(2000~2009년) : 발전기

위의 시기 구분 중 제1기에서 제2기로 넘어가는 시기는 1981년 중앙대를 선두로 특수 대학원에 출판학 전공 석사과정이 속속 생겨났고, 1982년부터는 학회지 《출판학》을 증면하여 《출판학연구》(범우사 간행)로 제호를 바꾸어 발간하기 시작하면서, 출판학 연구가 본격적으로 정착한 때이다.

제3기인 2000년 이후에는 연구자가 더욱 늘어나면서 출판학 연구가 활기를 띠게 되었다. 각 시기별로 연구의 큰 흐름을 4, 5갈래로 구분하여 서술하고자 한다.

(2) 출판학 연구의 전개 과정[2)]

① 제1기(1963~1981년) : 개척기

제1기의 큰 흐름은 첫째, 출판 연구의 시작과 출판학의 정립, 둘째, 출판 실무의 이론화, 셋째, 독서 및 독자 연구, 넷째, 출판 역사 연구로 구분하였다.

㉠ 출판 연구의 시작과 출판학의 정립

출판 연구의 새로운 장을 열고 지속적으로 발전시킨 것은 안춘근과 한국출판학회 창립회원들의 공로라 해야 할 것이다. 당시 안춘근은 신문과 잡지에 출판 관련 글을 왕성하게 기고하였고, 출판의 이론화 작업에 초석을 놓았다.[3)]

그는 1958년 3월부터 서울신문학원에서 '출판론'을 강의했는데, 그 과정에서 1963년『출판개론』을 저술했다. 또한 그는 정규대학에서 최초로 출판론을 강의하기도 했다. 즉, 학회 설립 이전인 1966년 이화여자대학교 대학원 도서관학과에서 '출판론'을 강의했는데, 이때 출판학을 영어로 'Publishing Science'라고 명명했다.

안춘근은 1960년대 초반 출판의 이론화 작업이 중요하지만 아직 전 세계적으로 "이렇다 할 개론서 하나 없는 매우 안타까운" 현실을 생각하여『출판개론』을 저술했는데, "추상적인 형식논리

2) 부길만(2014b)의 "출판학 연구 50년"에서 발췌한 내용임.

3) 안춘근에 대한 상세한 내용은 이종국(2006),「남애 안춘근 연구」,《출판연구와 출판평설》참조.

를 되도록 피하고 현실과 결부되는 설명"을 주로 했다고 밝히고 있다.

안춘근은 이외에도 출판에 관한 전문 서적을 다수 출판하였고,[4] 그의 『출판개론』 이후 출판에 관한 입문서가 다양하고도 활발하게 출간되어 왔다.

제1기는 출판이 아직 학문의 대상으로 인정받지 못하던 시기였기 때문에, 가장 중요한 과제는 출판학의 정립이었다. 《출판학》 제1호에 실린 안춘근의 창간사 제목도 "출판학을 위하여"였다. 창간사에서 안춘근은 출판학이란 복잡한 출판 과정을 보다 "과학적으로 처리하는 합리적 처방을 내리는 것이라면, 출판이 과학적으로 이루어지지 못하고 있는 오늘의 한국 현실은 다름 아닌 출판학의 부재(不在)에서 최대의 원인을 찾을 수 있을 것이다."라고 주장하면서, "우리는 창립회원 모두가 대학에서 한국 최초의 출판학 전공대학 동기동창생으로서의 유대와 격려로써 빛나는 업적을 이룩할 것을 기약한다."고 다짐한다.

《출판학》 창간호에 실린 민병덕의 「출판학 서설」에 주목할 필요가 있다. 이 논문은 출판학의 성격과 그 연구 대상 및 연구 방법을 구체적으로 논의함으로써, 이 분야의 전거(典據)라 할 만큼 두루 영향을 끼친 연구 업적이라 할 수 있다(이종국, 2000a, pp.426~427).

---

4) 안춘근의 주요 출판 관련 저술은 다음과 같다.
『출판사회학』(통문관, 1969), 『한국출판세시론』(성진문화사, 1971a), 『현대출판학연습』(경인문화사, 1975), 『한국출판문화론』(범우사, 1981), 『한국출판문화사대요』(청림출판, 1987), 『출판의 진실』(청림출판, 1992) 등.

㉡ 출판 실무의 이론화

1969년 한국출판학회의 창립총회에서 회칙을 통해 밝힌 출판을 과학화해야 한다는 주장은 이후 출판 실무를 체계화하고 이론화하는 작업으로 이어진다. 출판 실무에 대한 연구가 초기에는 기획론 부문에서 별로 나오지 않았고, 주로 편집 · 제작과 유통 · 경영에 집중된 것으로 나타났다.

우선, 편집 · 제작 부문에서는 교정 이론을 체계화한 한태석(1970, 1971)의 연구가 있고,[5] 편집론을 고찰한 변선웅(1970a), 신소설의 판권을 연구한 한태석(1981) 등이 있다. 한편, 민병덕(1974a)은 그동안 잘 다루어지지 않은 장정 문제를 고찰한 논문 「도서의 내력과 그 형태」(《출판학》 제21집)를 발표한 바 있다. 그 논문에서는 책의 형태를 역사적으로 살피고, 서양식 양장본뿐만 아니라, 중국 · 일본 · 한국 등 동양의 장정 양식인 동장서(東裝書)를 소개한 다음, 동장서의 장점을 살린 새로운 장정의 개척을 제안하고 있다.

유통 · 경영 부문에서는 도서 마케팅을 다룬 한태석(1969b), 도서의 우편 판매를 연구한 변선웅(1970b), 고서적상을 역사적으로 고찰한 하동호(1974) 등의 연구가 있다. 한태석(1972, 1973)은 "출판경영론"을 《출판학》에 세 차례 연재했다. 또한, 변선웅(1971)은 《출판학》에 시사적인 논문 「한국 출판업의 불황타개시론」을 발표하여 주목을 끈 바 있다.

한편, 1960년대에 출판 유통 및 출판 경영에 관한 최초의 석사

5) "교정개론"이라는 제목으로 《출판학》 제3집(1970년 2월)부터 제7집(1971년 3월)까지 5회 연재.

학위 논문이 발표되어 주목을 끈다. 즉 송병갑(1967)의 「한국 출판경영에 관한 연구 : 특히 그의 Marketing Management를 중심으로」이다.

ⓒ 독서 및 독자 연구

출판학에서 독자 연구는 중요한 분야이다. 독자 없는 출판은 생각할 수 없기 때문이다. 제1기의 독자 연구로서는 도서 장정과 연계하여 고찰한 민병덕(1974b)의 논문 「독자의 심미안과 도서장정」(《출판학》 제20집)이 주목할 만하다.

또한 《출판학》에서 독자 연구를 다룬 것으로는 양현규(1974)의 「개화기의 독서계층」(제22집), 변선웅(1974)의 「한국인의 독서 경향」(제21집), 민병덕(1970, 1971)의 「논픽션과 한국 독자의 의식」(제3집) 및 「시인과 시와 그 독자」(제7집) 등이 있다.

문고본을 중심으로 독서 경향을 살핀 변선웅(1974)의 논문에서는 잘 알려진 작품들만 찾는 독자들의 안이한 독서 경향에 야합할 것이 아니라 독자층 수준을 높이고, 새로운 저술과 작품들을 발굴해야 한다고 주장한다.

ⓡ 출판 역사 연구

역사 연구는 모든 학문의 기초가 된다. 출판학의 초기 단계에서도 역사 연구는 중요하게 다루어졌다. 구체적으로 《출판학》에 나타난 성과를 보면, 한국 출판 역사 부문에서는 고려 속장경의 출판을 고찰한 안춘근(1971b), 개화기 소설의 발간 주체를 다룬 하동호(1972), 신소설의 출판을 연구한 한태석(1969a) 등이 있다.

출판 역사를 서지학적 관점에서 바라본 시도에는 개화기의 한성 도서와 박문서관을 고찰한 하동호(1971a, b), 고려 속장경의 출판 및 한국 불교 서지를 고찰한 안춘근(1971b, 1972) 등의 연구가 있다. 특히, 서지학적 연구로도 많은 업적을 남긴 안춘근의 『한국불교서지고』(성진문화사, 1972)는 1978년 같은 제목으로 일본어로도 번역 · 출간된 바 있다(日韓文化情報センタ 譯, 『韓國佛教書誌考』, 同朋舍).

② 제2기(1982~1999년) : 정착기

제2기는 첫째, 제1기 출판 연구의 계승 · 발전, 둘째, 경제성장 시기의 출판산업 연구, 셋째, 국제 환경의 변화와 저작권 연구, 넷째, 교과서 연구와 정책 방향 제시, 다섯째, 정보화 시대 뉴미디어로서의 전자출판 연구로 구분하였다.

㉠ 제1기 출판 연구의 계승 · 발전

제1기에 시작된 출판학 연구는 제2기에도 계속 이어져 심화 · 확대 과정을 거친다. 제1기의 연구 흐름을 지속시켜 준 성과들을 주제별로 살펴보자.

첫째, 출판학의 정립을 위한 연구도 더욱 활발해졌다. 출판학 자체에 대한 연구는 민병덕이 주도하여 의미 있는 업적들을 내놓았다. 우선, 출판학의 학문적 성격을 규명하고 출판학 연구 방법론을 정립하는 일에 관심을 표출하고 있는데, 《출판학연구》에 실린 그의 논문들을 구체적으로 살피면, 「출판의 미래와 출판학의 학문적 성격」(1984), 「출판학의 연구방법과 과제」(1983), 「출판학

연구방법론에 대한 고찰」(1986) 등이 있다. 이제 출판학 연구의 수준이 학문적 정립을 위한 당위성이나 필요성의 강조에서 한 걸음 더 나아가 방법론을 세우는 단계로 한 차원 높아졌음을 의미한다.

둘째, 제1기에 활발하게 진행되었던 출판 실무의 이론화에 관한 연구는 유통 · 경영 부문에서는 계속 이어진 반면, 편집 · 제작 분야는 별로 이루어지지 않았다.

편집 부문에 대한 학술 논문은 그렇게 많지 않았지만 단행본 저술로, 또는 대학 교재로 사용하는 편집 이론 및 실무 서적은 상당수 출간되었다. 이것은 과거에 경험으로 익히고 단지 감으로 배우던 출판 편집 업무가 체계화되면서, 이론과 실무가 조화를 이루기 시작했음을 의미한다. 이 중에 대표적인 책은 금창연의 『편집레이아웃 1, 2』(독자와함께, 1992)로서 대형 서점의 인문사회 부문 베스트셀러에 들어갈 정도로 널리 알려졌다.

한편, 이 시기에는 출판 실무 관련 연구로 출판 기획에 관한 저술도 나오게 되었는데, 오경호의 『출판기획원론』(일진사, 1994), 최봉수의 『출판기획의 테크닉』(살림출판사, 1997) 등이 주목을 요한다.

출판 유통 · 경영 부문의 연구로는 유통 개혁과 변화를 모색한 윤형두(1984, 1997)의 논문이 주목된다. 출판유통 연구의 선구자 역할을 담당한 윤형두(1983)는 석사 학위 논문에서 출판물을 하나의 매스 미디어로 보고, 일본과의 비교를 통해 메시지가 수용자에게 원활하게 전달될 수 있는 채널로서 대형 도매 기구의 필요성과 그 방향을 제시하였다. 이로써 실무적 차원에서만 논의되던 유통 구조 개혁론을 비로소 학문적 수준으로 끌어올린 바 있다(이두영, 2000, p.145).

그리고, 이 시기에 출판유통 분야에서 주목할 저술로는 이두영의 『출판유통론』(청한, 1993), 김종수(1997)의 저술 『유럽 도서유통에 관한 고찰』 등이 있다. 또한, 1990년대 말엽 출판 경영 전반을 체계적으로 서술해낸 김병준 · 김병도(1999)의 의미 있는 저술 『출판경영론』이 나와 한국에서 출판 유통 · 경영 분야의 연구를 끌어올리는 데 기여하였다.

셋째, 독서 및 독자 연구 역시 계속 이어졌다. 우선, 독서 연구는 독서 환경에 관심을 보였다. 이 독서 분야는 이정춘(1991, 1993)의 연구가 주목할 만하다. 그리고 《출판학연구》를 통하여, 김정숙(1996)은 「독서 환경에 영향을 미치는 사회문화적 요인에 관한 고찰」을 발표했고, 김선남(1998)은 「수용자의 독서동기에 관한 실증적 연구」를 발표함으로써 이 분야 연구의 활성화에 기여한 바 있다.

넷째, 출판 역사 연구는 더욱 활발하게 진행되었다. 연구 시기도 조선조, 개화기, 일제기, 해방 직후에 이르기까지 매우 광범위하게 진행되었고, 지방 출판에 대한 연구도 이루어졌으며, 총서 또는 전집 등을 선택하여 통사적 연구도 행해졌다. 출판의 학문적 체계화와 함께 역사 연구도 활성화되었음을 의미한다. 구체적으로 《출판학연구》에 실린 논문들을 살펴보면, 조선 시대에 관한 것으로는 윤병태(1986), 백운관(1989), 김양수(1994) 등의 연구가 있고, 개화기 출판에 대해서는 김병철(1990), 민병덕(1992), 이종국(1986) 등의 연구가 있으며, 일제 시기는 고영수(1986)의 「일제하의 금서출판소고」, 해방 직후는 이종국(1988)의 「1945년의 출판실태에 관한 고찰」 등이 있다.

지역 출판에 관한 역사적 고찰도 주목을 끄는데, 윤병태가 주도적으로 수행하였다. 구체적으로 「충청지방의 출판문화」(1985), 「경상감영과 대구지방의 출판인쇄문화」(1989), 「평양의 목판인쇄 출판문화」(1992) 등이 있다.

제2기에 나온 역사 연구 중 통사적 접근에는 안춘근의 『한국출판문화사대요』(청림출판, 1987), 백운관·부길만의 『한국출판문화변천사』(타래, 1992) 등이 있다. 또한 개화기부터 1990년대에 이르기까지 베스트셀러의 역사를 연구한 이임자(1998)의 저서가 주목을 끈다. 이 책은 이임자(1992)의 박사 학위 논문 「베스트 셀러의 요인에 관한 연구—한국 출판 100년의 베스트셀러를 중심으로」를 발전시킨 것이다.

한편, 한국 출판사를 인쇄 문화를 중심으로 살핀 연구도 많이 나왔는데, 획기적인 업적이라 할 수 있는 천혜봉의 『한국전적인쇄사』(범우사, 1990), 윤병태의 『조선 후기의 활자와 책』(범우사, 1992) 등이 있다.

그 외에 외국 출판에 관한 역사적 고찰은 부길만(1995)의 「산업혁명기 유럽의 출판에 관한 연구」 등이 있다.

㉡ 경제성장 시기의 출판산업 연구

제2기의 연구는 제1기에 활발했던 출판 실무 관련 이론 탐구에만 머물지 않고, 시야를 넓혀 한국 출판산업 전체를 아우르는 연구가 다수 나왔다.

당시는 또한 경제 성장이 급속하게 이루어지고 정보화가 사회적 이슈로 등장하기 시작하던 시기였다. 출판학 연구는 이러한 시대적 흐름에 한 걸음 앞서서 나아갔다. 구체적으로 정보 사회와 출판 산업을 연구한 윤형두 · 김희락(1992), 출판 산업의 정보화를 강조한 이두영(1990), 출판 산업의 활성화를 모색한 노병성(1996), 경제 성장과 출판의 상관성을 규명하고자 했던 김두식(1987) 등의 연구가 있다.

특히, 출판산업 분야에서 주목할 연구로는 노병성(1993)의 박사 학위 논문이 나왔다. 이 논문은 1980년대 출판 산업을 산업 조직론적으로 분석해냄으로써 출판학의 연구 영역을 확장시켜 준 중요한 성과라 할 수 있다.

㉢ 국제 환경의 변화와 저작권 연구

국제화의 흐름이 출판계에도 그대로 유입되면서 그동안 유럽과 미국 등 선진국을 중심으로 이루어지던 저작권의 국제 교류에 한국도 합류해야 한다는 압력을 받게 되었다. 결국 1980년대 후반 세계 저작권 조약에 가입하는 절차를 거치며 한국 출판계도 국제 시장에 들어서지 않을 수 없었다.

저작권의 국제화 문제를 한국출판학회지에 가장 먼저 제기한 연구는 전영표(1985)의 「저작권의 국제적 협약과 한국의 가입문제」였다. 또한 전영표는 저서 『정보사회와 저작권 : 지식, 정보의 국제유통과 지적재산』(법경출판사, 1993)에서 한국의 시장 개방과 저작권 문제를 살펴본 다음, 정보의 확산과 자유화를 촉구한 바 있다.

특히, 한승헌은 변호사로서, 그리고 출판인으로서 저작권 문제를 심도 있게 고찰하여 사회적 관심을 불러일으킨 다수의 논문을

발표했다.[6)]

한국이 세계 저작권 조약에 가입한 이후인 1993년 한승헌은 북경에서 열린 국제출판학술회의에서 「한국에서의 저작권보호와 출판」을 발표하여, 저작권 문제를 아시아 공동의 관심사로 끌어올린 바 있다.

이후 저작권에 관한 연구는 김기태가 많은 성과를 내놓았다. 구체적으로 살피면, 《출판학연구》의 논문으로 「출판권 행사에 따르는 새로운 문제에 관한 고찰」(1995), 「광고의 저작물성과 저작권 침해요소에 관한 연구」(1998), 「한국에 있어 WTO 가입 전후의 출판상황에 관한 연구」(1999b) 등이 있다. 이외에도 그는 저작권과 관련하여 매우 다양한 저술들을 내놓았다.[7)]

㉣ 교과서 연구와 정책 방향 제시

교과서 연구는 초기에 편집 체재를 중심으로 진행되었다. 대표적인 논문으로 전영표의 「교과서의 편집체재 논구」(《출판학연구》, 1986)가 있다.

그리고 교과서 정책에 대한 연구가 활발하게 진행되었는데, 이종국이 주도하였다. 그는 1980년대부터 교과서 연구를 끈기 있게

6) 《출판학연구》에 실린 한승헌의 논문으로 「한국의 UCC 가입과 출판」(1987), 「동아시아에 있어서의 국제저작권의 재평가」(1989), 「한국에서의 국제저작권보호와 출판」(1993) 등이 있고, 주요 저서로 『저작권의 법제와 실무』(삼민사, 1988) 및 『정보화시대의 저작권』(나남, 1992) 등이 있다.

7) 저작권 관련 김기태의 주요 저술은 다음과 같다. 『디지털 미디어 시대의 저작권』(이채, 2005b), 『매스 미디어와 저작권』(이채, 2005c), 『신저작권법의 해석과 적용』(세계사, 2007) 등.

진행하여 다양한 저술들[8]을 내놓았으며, 《출판학연구》에도 많은 논문들[9]을 발표함으로써 교과서 정책의 방향을 제시하였다.

㉤ 정보화 시대 뉴미디어로서의 전자출판 연구

1990년대 이후 본격적으로 시작된 정보화 사회와 뉴미디어에 대한 논의는 출판계와 학계에서도 매우 중요한 이슈였다.

이 시기에 이기성은 전자 출판에 관한 연구를 주도하여 선구적 역할을 맡았다. 그는 1988년 전자 출판과 관련된 최초의 저서를 펴낸 이래, 많은 저술[10]과 논문[11]을 발표하여 전자 출판의 실무와 연구 모두에 기여하였다.

이 시기에는 이기성 외에도 많은 연구자가 활동하여 전자 출판에 관한 다양한 저술들이 나왔는데, 전자 출판을 편집 실무와의 관계에서, 그리고 멀티미디어의 활용과 함께 설명한 김두식(1992, 1994), 디지털 혁명과 인쇄 매체의 미래를 전망한 이용준(1999), 전자책을 집중적으로 다룬 성대훈(2004) 등의 저서가 주

---

8) 이종국의 교과서 관련 주요 저술은 다음과 같다. 『한국의 교과서』(대한교과서, 1991), 『한국의 교과서 출판 변천 연구』(일진사, 2001b), 『한국의 교과서상』(일진사, 2005), 『한국의 교과서 변천사』(대한교과서, 2008) 등.

9) 《출판학연구》에 실린 이종국의 교과서 관련 논문은 다음과 같다. 「〈우리나라의 발달 1〉 편찬발행에 대한 고찰」(1985), 「교과서관과 교과서 연구」(1989), 「한국의 교과서 출판 정책과 국제적 경향에 관한 고찰」(1996) 등.

10) 전자출판 관련 주요 저술만 시기 순으로 열거하면 다음과 같다. 『전자출판』(영진출판사, 1988), 『전자출판 2』(장왕사, 1997a), 『전자출판 3 : DTP system 문방사우를 중심으로』(공저, 장왕사, 1998), 『e-book과 한글폰트』(동일출판사, 2000a), 『전자출판 4』(서울출판미디어, 2002), 『유비쿼터스와 출판』(한국학술정보, 2007a), 『컨버전스와 출판』(장왕사, 2007b) 등.

11) 이기성은 다양한 학술지와 매체에 논문을 발표했는데, 《출판학연구》에 실은 논문만 소개하면 다음과 같다. 「전자출판과 디스크책에 관한 연구」(1993), 「한글 출력코드의 릭스곡선에 관한 연구」(1992), 「한글 글뭉치와 릭스 빈칸 비율에 관한 연구」(1994) 등.

목을 요한다.

학회지인 《출판학연구》에도 전자 출판에 관한 다양한 논문들이 등장했는데, 주제별로 살펴보면 우선, 전자 출판의 발전에 따르는 기초 환경 및 대응 문제 또는 향후 전망을 살펴본 김정숙(1994), 이기성(1996), 김경일(1995) 등의 연구가 있다. 또한 김기태(1999a)의 논문 「인쇄매체의 전자화 양상에 따른 커뮤니케이션 패러다임 비교 연구」도 같은 맥락의 연구로 볼 수 있다.

전자 출판에서는 활판 인쇄와 달리 글자의 크기나 모양을 매우 용이하게 바꿀 수 있는 장점이 있다. 이에 따라 전자 출판 관련 타이포그래피에 대한 다양한 연구들이 나왔다. 주목할 연구로는 이기성의 「전자출판용 한글본문체와 한글 제목체 활자에 관한 연구」(1997b) 및 「전자출판을 위한 한글 글자꼴 개발에 관한 연구」(1995), 그리고 이영호(1996)의 「전자출판을 위한 타이포그래피에 관한 연구」가 있다.

③ 제3기(2000~2009년) : 발전기

제3기는 첫째, 유비쿼터스 시대와 전자출판 연구의 활성화, 둘째, 출판 교육에 대한 새로운 관심, 셋째, 매체 환경의 변화와 독서교육 연구, 넷째, 외국 출판에 대한 관심 및 해외진출 방안 모색, 다섯째, 한글 글꼴 연구로 구분하였다.

㉠ 유비쿼터스 시대와 전자출판 연구의 활성화

1990년대에 불기 시작한 전자출판 연구는 2000년대에 들어서서 더욱 활발하게 일어났다.

또한, 정보화 시대라는 용어보다 언제 어디에서나 가능하다는 의미인 유비쿼터스 시대 또는 유비쿼터스 출판이라는 용어를 더 선호하게 되었다. 이것은 출판의 개념을 한 번 더 확장하려는 시도로 해석된다. 구체적으로 관련 논문을 살펴보면, 유비쿼터스 출판의 미래를 전망한 이병혜(2005), 유비쿼터스 시대의 출판 커뮤니케이션 증진 문제를 다룬 오세종(2005), 유비쿼터스 시대 인터넷 출판의 현상을 분석한 김정숙(2005), 유비쿼터스 시대 전자책의 활성화를 연구한 성동규 · 박상호(2005a), 유비쿼터스 시대 전자 출판 산업의 발달 요인을 밝혀낸 류영미 · 이문학(2007) 등 주목할 연구들이 많이 있다.

다음은 전자책, e-Book 또는 U-Book에 관한 연구가 매우 활기를 띠었다. 구체적으로, 전자책의 가능성을 모색한 김진두(2000), e-Book의 산업 구조 및 수익 구조 문제를 다룬 김두식(2005) 및 이용준(2005), 전자책을 이용자의 측면에서 다룬 김경일(2006), U-Book 이용을 기대가치론적 입장에서 연구한 성동규 · 박상호(2006), U-Book 콘텐츠 개발 동향을 분석하고 활성화 방안을 제시한 김정숙(2006) 등을 들 수 있다.

전자책에 대한 연구와 함께 인터넷 출판 또는 웹진에 관한 연구도 이루어졌다. 구체적으로, 인터넷 출판의 콘텐츠 기획과 인터넷 문자 정보의 전달 문제 등에 관심을 기울인 김두식(2001, 2002), 웹진의 특성을 연구한 윤세민(2002) 등의 연구가 있다.

전자 출판의 문제를 독서 또는 이용의 문제에서 접근한 연구들도 나왔다. 구체적으로 전자책의 이용 행태를 조사 연구한 성동규 · 박상호(2005b), 도서의 디지털화와 독서 양식의 변화를 분석한 황민선(2002), 탈문자 시대의 미디어 문화와 이용자를 연구한 강진숙(2006) 등의 연구가 관심을 끌고 있다.

ⓛ 출판 교육에 대한 새로운 관심

2000년대는 출판학 연구가 활성화된 반면에, 대학에서 출판 관련 전공들이 줄어드는 추세를 면치 못한 시기였다. 이러한 상황에서 출판학계에서는 출판 교육 문제를 새롭게 논의하며 대안을 찾고자 하였다. 구체적으로, 이종국(2000b)은 출판 교육을 활성화시킬 방안을 모색하였고, 이기성(2000b)은 출판 관련 학과의 커리큘럼을 새롭게 연구하였고, 남석순(2001)은 출판학 교육의 현황을 분석하여 과제를 제시하였고, 김경일(2002)은 출판학 교육에서 이론 교육을 강화해야 할 필요가 있다고 주장하였고, 윤세민(2005)은 출판 공교육의 위기를 진단하고 출판 교육의 위상 정립을 강조하였다.

출판학 교육이 한국에서 위축되고 있지만, 이웃 중국에서는 오히려 더 활성화되고 있다. 2000년대 초반에 이미 중국은 4년제 출판 편집 관련 학과를 설치 운영하는 대학이 총 51개 대학이며, 석사학위 과정 29개 대학, 박사학위 과정 7개나 되는 것으로 알려졌고(한국출판연구소, 2006, p.137), 점차 늘어나고 있는 추세이다. 이에 따라 1999년 이래 매해 한국과 중국에서 번갈아 주최하는 한 · 중출판학술회의에서도 출판 산업의 문제와 함께 출판학 연구에 관한 주제가 중요하게 다루어진 바 있다.[12] 이런 가운데,

12) 구체적인 논문으로 부길만의 「한국 출판학 연구의 흐름과 지향과제」 및 리우란 샤오의 「중국 출판학 연구의 회고와 전망」, 《제8회 한 · 중출판학술회의 논문집》(한국출판학회, 2006) 등이 있다.

이종국(2001a)은 편집 · 출판학 전공 선발에 관한 연구를 중국 난카이(南開) 대학의 입학생 선발 시험 문제를 분석 평가해냄으로써 한국 출판 교육 연구에 기여하였다.

ⓒ 매체 환경의 변화와 독서교육 연구

디지털 텍스트를 활용하는 시대가 되면서 독서 환경에도 변화가 오고 영상 매체의 범람과 함께 독서 방식에도 영향을 끼치게 되었다. 이에 따라 독서 교육에 대한 관심이 높아지면서, 출판학계에서도 독서에 관한 연구들이 활발하게 진행되었다. 구체적으로, 미디어 교육으로서 독서 교육을 바라본 이정춘(2002)과 김경일(2005), 매체 환경의 변화에서 독서의 역할을 제시한 김재윤(2001), 영상 미디어와의 관계에서 독서 문제를 다룬 성동규 · 서보윤(2001), 대학생의 독서 동기와 태도를 다룬 정현욱 · 김선남(2008), 근본적인 문제로서 아날로그와 디지털 텍스트에서 다르게 나타나는 독서 패러다임의 차이를 고찰한 노병성(2008), 독서력 측정 도구 개발을 위한 연구를 한 김기태(2005a) 등 다양하게 나타났다.

또 다른 측면에서 주목할 연구는 독서 문제를 역사적으로 살펴, 유교적 독서관과 조선 시대 지식인의 독서 방법 등을 탐구함으로써 독서 연구의 지평을 넓혀 준 노병성(2006, 2007a)의 논문이 있다.[13)]

13) 노병성(2007b) 「최한기의 출판사상」에도 독서관에 대한 고찰이 들어 있다.

㉣ 외국 출판에 대한 관심 및 해외진출 방안 모색

한국은 1990년대 이후에 국제화 시대로 접어들었다. 2000년대에는 출판학 연구에서도 외국 출판 및 해외 진출에 대한 관심이 고조되어 다양한 연구 논문들이 나오게 되었다. 해외에 대한 관심도 중국과 일본뿐만 아니라, 미국과 유럽으로 시야를 넓혀 나갔다. 외국 중에서도 가장 빈번하게 연구 대상으로 거론된 국가는 중국이었다. 이것은 경제 발전 속에서 급속도로 발전하는 중국 출판계에 대한 관심이 커졌기 때문일 것이다. 이러한 연구들은 《한국출판학연구》에 실려 있는데, 구체적으로 살펴보면 다음과 같다. 우선, 중국 관련 연구로는 중국의 출판사와 출판 산업을 살펴본 권호(2003)와 김진두 · 김창옥(2006) 등의 연구가 있다.

다음, 일본에 대한 연구로는 유비쿼터스 환경을 중심으로 일본 출판산업의 현황을 살펴보고 시사점을 제시한 백원근(2007), 일본의 교양신서 출판을 다룬 문연주(2007) 등이 있다.

중국과 일본 외의 지역 출판에 관한 연구로는 미국과 유럽의 전자출판 현황을 다룬 이용준(2000), 미국의 출판 교육을 고찰한 노병성(2003), 독일 출판산업의 동향을 살펴본 신종락(2007) 등의 연구가 있다.

특히, 신종락은 유럽 출판과 서점의 경영 전략을 한국과 비교 분석해낸 저서 『해외 서점과 출판 : 독일과 한국』(시간의물레, 2008)을 펴내어 이 분야 연구의 활성화에 기여하였다.

이러한 외국 출판에 대한 관심은 한국 출판의 해외 진출 연구와 연계되고 있다. 《한국출판학연구》에는 이에 대한 연구 논문도 다수 나와 있는데, 구체적으로, 동북아 및 영미권 도서시장 진출을 연구한 김동규(2004) 및 노병성(2004), 한국 출판물의 해외 소개 활성화 방안을 제시한 황민선(2001), 한류를 이용한 도서의 수출 방안을 연구한 김진두 · 김창옥(2005) 등의 논문이 있다.

㉤ 한글 글꼴 연구

국제화 시대의 분위기가 출판학계에도 영향을 주면서 외국 출판이나 수출 전략 등에 관한 연구가 활성화되는 한편, 우리 글자인 한글에 대한 학문적 관심 또한 높아졌다. 그동안 글꼴이나 활자체에 대한 연구는 제작을 위한 실무적인 관점에서 주로 이루어져 온 데에서 한 걸음 더 나아가, 한글 자형 자체의 특성과 역사에 대한 연구들이 학회지와 학위 논문 및 저서 출간 등을 통하여 활발하게 일어났다.

우선, 학회지 《한국출판학연구》에 실린 논문을 살펴보면, 한글 글꼴의 특성을 다룬 김두식, 한글의 타이포그래피와 폰트를 집중적으로 연구한 이기성 등이 연구를 주도한 것을 알 수 있다.[14]

한글 글꼴에 대한 것은 학위 논문으로도 다수 나왔다. 구체적으로 한글 글꼴 개발을 다룬 이기성(2001b), 한글 본문 활자에서 글자 사이 체계를 연구한 이용제(2007) 등이 있고, 역사적 연구로서 조선 시대 한글 서체를 다룬 허경무(2006), 한글 자형(字形)의 변천을 고찰한 김두식(2003) 등의 논문이 있다. 김두식은 그의 학위 논문을 발전시켜 『한글 글꼴의 역사』(시간의물레, 2008)라

14) 김두식의 논문으로 「〈국문정리〉에 나타난 한글 글꼴 특성에 관한 연구」(2004), 「한글 판본 글자꼴의 변천과 특성에 관한 연구」(2000) 등이 있고, 이기성의 논문으로는 「병원 간판에 나타난 한글 타이포그래피 연구」(2005), 「출판용 본문체 한글 폰트 디자인에 관한 연구」(2001a), 「한글 고딕체와 네모체 폰트에 관한 연구」(2003) 등이 있다.

는 단행본을 펴냈다.

3. 출판학의 국제 교류

출판학의 국제 교류는 이미 1980년대 초반부터 한국출판학회의 주도로 활발하게 일어났다. 1981년 안춘근은 일본출판학회 기관지인 《出版研究》 12호에 「한국출판학의 현상」이라는 제목의 일본어 논문을 기고하였다. 이 논문은 정보가 부족한 일본 학자들에게 한국의 출판 연구에 관한 귀중한 정보가 되었다고 당시 일본출판학회장 시미즈 히데오(淸水英夫)가 술회한 바 있다.

2년 후인 1983년 한국출판학회에서 제안한 출판학의 국제 교류를 일본출판학회에서 동의함으로써 1984년 10월 제1회 국제출판학술회의가 서울에서 열렸고, 이후 일본, 중국 등이 번갈아 주최하면서 명실상부한 국제학술회의로 발전해 왔다. 제2회는 바로 이듬해 일본 도쿄에서 열렸고, 1987년 제3회가 서울에서 열린 이후는 격년제로 개최국을 바꾸어가며 진행되고 있다. 2001년 제10회 이전까지는 동남아시아에서 주최한 적도 있으나, 제11회부터는 한 · 중 · 일 세 나라에서 교대로 개최하고 있다.

1~16회까지 참가국은 한국, 중국, 일본, 필리핀, 말레이시아, 싱가포르, 홍콩, 스리랑카, 사우디아라비아, 미국, 영국, 캐나다, 프랑스, 스코틀랜드, 브라질 등 세계 15개국을 헤아린다. 이러한 국제출판학술회의의 의의를 살핀다면 다음과 같다(남석순, 2014).

첫째, 세계 15개국의 학자들이 정기적 또는 비정기적으로 참여하는 국제학술회의적 성격이 있다. 둘째, 출판학을 단일 분야로 국가의 대표 출판학회와 출판학자들이 참여하며 정기적으로 개최되고 중단 없이 30년 16회를 지속하고 있다. 셋째, 참가국의 출판학자 간에 인간적 · 학문적 교류가 원활해졌으며 여러 형태의 학술 교류와 협력이 다양하게 이루어지고 있다. 넷째, 참가국들의 출판학 연구 동향이 파악됨으로써 국제 연구와 비교 연구가 가능해졌다. 다섯째, 참가국들의 출판학 교육 체계와 교육 과정이 소개됨으로써 자국의 출판학 교육에서 활용도가 높아졌다. 여섯째, 참가국들의 출판 산업의 현황, 과제, 미래 방향 등을 파악하고 이를 자국에 소개함으로써 출판의 발전과 출판 기업 및 단체들의 국제 교류에 이바지해 왔다.

국제출판학술회의 외에 한국출판학회에서는 중국출판과학연구소와 해마다 한중출판학술회의를 중국과 한국을 오가며 교대로 개최하고 있다. 1997년 시작된 이 회의는 2013년까지 한 해도 거르지 않고 지속되었다.

그 외에 1995년 5월 27일, 청주에서 청주시 주최로 제1회 국제인쇄출판문화학술회의가 열렸다. 세계 최고(最古)의 금속 활자본으로 알려진 '직지(直指)'를 만들어낸 것을 세계만방에 널리 알리고 기념하기 위해 마련된 이 행사를 한국출판학회에서 청주고인쇄박물관과 공동으로 성공리에 주관함으로써 학회의 위상을 다시 한 번 과시하는 계기로 삼은 바 있다(김기태, 2000, p.570).

2-3 출판학 연구의 현재

출판학 연구의 현재에 관해서는 최근 5년간의 연구 경향을 살핀 다음, 국제교류 현황을 간략하게 소개하고자 한다.

1. 연구 경향과 성과

2010년대 전반기(2010~2015)는 한국 출판학 연구의 현재 상황이라 할 수 있다. 이 시기에 한국출판학지에 실린 논문을 중심으로 그 연구 경향과 성과를 살펴보면 교과서, 잡지, 역사, 국제 문제, 저작권, 지역 출판, 노인 출판 등 실로 다양한 분야의 주제를 다루었다.

이 글에서는 양적으로 큰 비중을 차지하는 다음 다섯 가지를 중심으로 살펴보고자 한다.

첫째, 전자 출판 및 전자책 이용 연구, 둘째, 국제 출판교류 및 외국 출판 연구, 셋째, 출판역사 연구, 넷째, 독서 요인과 독서운동 연구, 다섯째, 출판학 연구 경향 및 출판교육 방향 제시이다.

(1) 전자 출판 및 전자책 이용 연구

전자 출판에 관한 연구는 1990년대 이후 계속 늘어나는 추세인데, 2010년 이후 더욱 활성화되고 있다. 우선, 전자출판 분야는 생산 주체로서 출판인에 대한 연구와 소비 행태로서 전자책 이용에 대한 연구가 있다.

출판사나 출판인에 대한 연구로, e-Book 출판사의 출판 유형을 Q-방법론을 적용하여 연구한 김정숙 · 백원근(2013), 디지털 출판 생태계와 출판사의 적응 전략을 조사한 장용호 · 공병훈(2013), 디지털화에 따른 교과서 출판 행위자 간의 협력적 거버넌스를 연구한 김동규 · 윤광원 · 심영섭(2012) 등이 있다.

전자책 이용에 대해서는 다양한 실용적인 조사 연구들이 나오고 있다. 정종원(2010)은 2005년과 2010년 두 차례에 걸친 조사 결과에서 대학생의 e-Book 이용 실태에 대한 변화 양상을 조사하였고, 이옥기(2011)는 수용자들이 스마트폰을 이용한 앱 북을 기존의 책에서 재매개한 것으로 인식하고 있는지의 여부 그리고 앱 북의 사용 용이성과 만족도를 조사하였다. 김경일(2014)은 전자책의 수용 결정 요인을 전자책 이용 동기 및 지각된 용이성과 유용성을 중심으로 연구하였고, 성동규 · 성대훈(2010)은 휴대용 e-Book 단말기 이용 의도에 영향을 주는 요인을 연구하였다. 이용준(2010)은 한국 전자책 시장에 대한 수용자 인식을 살펴보고 수용자의 관점에서 전자책 시장의 활성화를 위한 방안으로, 우수 콘텐츠의 확충과 이용의 편리성, 전자책 단말기의 개선, 디지털 도서관의 확대 등을 제시했다.

또한, 국내 전자책 플랫폼과 관련된 연구로는 장용호 · 공병훈(2012)과 구모니카 · 유제상(2010)이 있다. 장용호 · 공병훈(2012)은 교보이북, 바로북, 북큐브, 리디북스에 대한 사례 분석을 통하여 국내 전자책 플랫폼의 부상 과정과 유형을 연구하고, 그 부상 과정에서 결정적 역할을 한 요인으로 고유한 선택 범주, 자원 풍요도, 개방적 혁신에 기반한 탐색 과정을 들었다. 이 요인들을 기반으로 국내 플랫폼들은 종 분화 과정에서 니치(niche)를 창출하였으며, 초기 조건인 핵심 자원에 따라 서점 기반의 교보이북과 커뮤니티 기반의 바로북, 그리고 B2B 시장 중심의 북큐브와 모바일 기술 기반의 리디북스로 진화하였다고 분석한다.

구모니카 · 유제상(2010)은 국내 전자출판 플랫폼 정립에서 장르 편중 현상의 문제점을 지적하고 그 대안을 제시한다. 우선, 플랫폼 운영에서 출판사와 플랫폼 기업의 역할을 구분할 것, 올바른 플랫폼을 통한 전자책 유통 질서를 회복할 것을 요구하고, 콘텐츠의 특성과 디바이스의 종류, 나아가 시장의 특성에 따라 전자책을 기획할 것을 주장한다. 그럼으로써 '더 넓고 다양해진 시장', '더 좁고 깊어진 독자'의 요구를 수용할 수 있을 것이고 '전자책은 분명 새로운 기회로 다가올 것'이라고 기대한다.

한편, 디지털 출판의 구조 변화를 연구한 김정숙(2011)과 김지연 · 강진숙(2013)이 있다. 김정숙(2011)은 미디어 생태계의 변화라는 큰 틀에서 e-Book 출판이 가치 네트워크로 전환되는 구조적 양상을 분석하고 그 결과를 이렇게 제시했다. 첫째, 인터넷상에서 e-Book 출판의 가치는 모바일 플랫폼의 편의성에 밀접한 영향을 받는다. 둘째, e-Book 출판의 가치 부가는 모바일 기기에의 탑재 여부에 밀접하게 달려 있다. 셋째, e-Book의 경쟁력과 성장 가능성은 스마트폰과 태블릿 기기가 얼마나 빨리 보급되는가, 모바일 데이터 이용량이 얼마나 빨리 증가하는가에 달려 있다.

김지연 · 강진숙(2013)은 피에르 레비의 집단지성 이론을 바탕으로 블로그와 트위터 이용자들의 소셜 미디어 출판을 조사 분석하고, 소셜 미디어 출판에서는 '선 여과 후 출판'의 구조가 '선 출판 후 여과'로 달라졌고, 디지털 기반의 개방형 출판으로 그 패러다임이 전환될 것이라고 전망하였다.

전자 출판을 독서 문화와 관련지어 수행한 연구로는 하이브리드 독서 문화의 현황과 발전 과제를 제시한 백원근(2014), E-book의 활용에 따른 독서문화 변화의 특성을 살핀 김앵아 · 강현주(2011) 등이 있다.

백원근(2014)은 종이책과 전자책을 함께 읽는 하이브리드(hybrid)

독서가 세계적으로 확산되고 있다고 보면서, 하이브리드 독서 환경에 걸맞은 출판 산업, 독서진흥정책, 연구 활성화를 통해 하이브리드 독서문화 지형을 보다 강화함으로써, 매체환경 변화에도 불구하고 독서 인구 확대의 핵심인 개인의 독서 습관 및 사회적 독서문화 형성을 위해 힘써야 한다고 주장한다.

김앵아 · 강현주(2011)는 현재 독서 문화는 인쇄책의 변환이 일어나는 혼재적 이행기의 단계라고 보면서, 인쇄 시대에서 디지털 시대로의 전환과 함께 활자 문화가 비주얼 문화로 이행하는 속에서, 독서 문화는 책의 본질 회복과 확장을 지향하며 한층 유연한 질서로 재편될 것이라고 전망한다.

전자 출판 또는 뉴미디어의 활용이 일상화됨에 따라 기존 출판의 개념과 영역이 변화 확장되고 있다. 이에 대한 이론적 논의도 다양해지고 있는데, 구체적으로 새로운 패러다임 구축을 위한 '출판'의 재개념화를 연구한 김기태(2010), 조선 시대와 구한말을 거쳐 21세기에 이르기까지 출판의 개념이 어떻게 변화해왔는가를 고찰한 노병성(2010), 스토리텔링 방식을 중심으로 출판 콘텐츠의 다중 미디어 확산 전략을 연구한 남석순(2011) 등이 있다.

김기태(2010)는 저작권법을 비롯한 관련 법률에서 출판에 대한 정의가 다음과 같이 새롭게 정립되어야 한다고 주장한다.

"출판이란 출판문화산업진흥법상의 출판물로서 저작물을 인쇄 또는 이와 유사한 방법 및 전자적 방식을 통하여 문서 또는 도화로 발행하는 행위와 전자적 장치를 통하여 유형물에 고정하거나 공중송신에 의하여 보거나 들을 수 있는 디지털 콘텐츠를 제작하여 유통시키는 행위를 말한다."

노병성(2010)은 디지털 시대에 나타난 출판 개념의 특징을 다음 다섯 가지로 제시한다. 첫째, 출판 개념화에서 인쇄의 개념이 생략되거나 부가적으로 이용되고 있다. 둘째, 콘텐츠 등의 개념이 활용되고 있다. 셋째, '출판'이란 용어와 'Publishing'이란 용어가 동시적으로 사용되고 있는데, 'Publishing'은 주로 디지털 출판과 관련지어 사용되고 있다. 넷째, 출판과 타 산업 혹은 타 매체와의 경계가 흐려지고 있다. 다섯째, 출판 영역이 확대되어 광의의 출판 개념으로 진화하였다.

남석순(2011)은 스마트미디어 시대 출판의 활로를 모색하면서, 이렇게 주장한다. "출판산업에서 우선적으로 다중 미디어 확산에 적합한 콘텐츠 분야는 에듀테인먼트(edutainment)와 엔터테인먼트(entertainment)이다. 먼저 이 분야에서 원천 콘텐츠를 개발하면서 동시에 기존 콘텐츠를 전환하는 전략이 필요하다. 한편, 출판콘텐츠가 다중 미디어로 확산되기 위해서는 출판인들의 인식 전환이 요구된다. 출판콘텐츠의 중요성과 스토리텔링의 이해, 다른 미디어와 플랫폼에 관한 지식, 미디어시장과 수용자들에 대한 깊이 있는 파악이 필요하다."

(2) 국제 출판교류 및 외국 출판 연구

국제출판 관련 연구는 국제 교류에 대한 연구가 주를 이루고 있다. 교류 대상 국가로는 중국, 일본, 스페인 등을 들 수 있다. 중국의 경우, 중국 출판콘텐츠의 국내 수용의 문제점을 인문 · 소설 분야를 중심으로 분석한 이건웅(2010), 한국과 중국 대학생 집단의 출판 커뮤니케이션에 대한 주관적 인식 구조를 Q방법론을 이용하여 분석하고, 편집출판물이 서로 다른 문화 간의 커뮤니케이션 수단으로 유용한 기능을 한다는 사실을 밝혀낸 이완수 · 이제영 · 임윤선(2010) 등이 있다. 또한 김윤진(2013)은 중국에서의 문학 한류와 번역 현황을 조사하고 양질의 번역을 위해서 다음 두 가지를 제안한다. 첫째, 한국어를 모국어로 하는 공동 번역자를 선정하여 공동 작업을 할 것, 둘째, 번역가의 처우를 개선할 것.

일본의 경우, 『만화 혐한류(マンガ嫌韓流)』의 이야기 분석을 통해 본 일본 내 혐한류에 관하여 연구한 정수영(2010), 조선통신사가 한일 출판문화 발전에 미친 영향을 연구한 이창경(2012), 일본 근대 저작권 사상이 한국 저작권 법제에 미친 영향을 출판권을 중심으로 연구한 김기태(2011), 한 · 일 대학출판부의 출판 활동을 서울대학교출판문화원과 도쿄대학출판회를 중심으로 비교한 권영자(2012) 등이 있다. 또한, 한국과 스페인의 출판문화 교류를 연구한 Kim, Jeong-Suk(2010)이 있다. 아시아를 넘어 서구 지역으로의 국가 간 교류도 더욱 활기를 띠어야 할 것이다.

외국 출판에 관한 연구는 한중 출판을 비교한 이건웅(2014), 중국의 〈민성보〉 발간의 의의를 살핀 이봉우(2014), 일본의 출판 통제 정책을 연구한 김기태(2012), 독일의 문학과 출판에 대해 역사적으로 고찰한 신종락(2010) 등이 있다.

이건웅(2014)은 삼국 시대부터 현대에 이르기까지의 한중 출판교류 역사, 한중 출판 콘텐츠와 저작권 비즈니스 등을 살핀 다음, 한중 출판산업의 정책과 법률을 비교하고 한중 출판콘텐츠 발전 전략과 비즈니스 모델을 제시한다.

〈민성보〉는 1928년 2월 간도(연변)에서 발간된 진보적 한글 신문인데, 일제 강점기 연변의 역사, 정치, 경제, 교육, 문화 등을 연구할 수 있는 중요한 역사 자료라고 한다. 이봉우(2014)는 〈민성보〉의 발간 배경, 운영진과 편집진, 편집 방침과 보도 내용 및 경향성에 대해 살펴보고 아울러 민족의 독립과 항일, 민족 운동과 노동 운동의 실천과 이론적 탐구, 민족적 교육 구국과 새 문화 제창, 간도의 정착 의미(생존권을 위한 몸부림) 등 〈민성보〉가 추구했던 사회 사상적 지향을 밝히고 있다.

김기태(2012)는 메이지 시대에 제정 또는 시행되었던 근대 일본의 출판 관련 법제를 살펴보면서 면허 또는 검열 제도 등 통제 정책이 출판 산업에 미친 영향을 진단한다. 그리고 한국 출판에 끼친 영향을 이렇게 설명한다.

"막부시대를 청산하고 근대화를 추진한 메이지 정부는 이후 제국주의로 치달으면서 국민들의 정신무장과 체제 유지를 위한 수단으로 언론 및 출판 통제정책을 강화하였다. 특히 검열방식에 의한 출판통제정책은 일제강점기 한반도에도 고스란히 적용되었으며, 광복 후에도 독재정권이 언론 및 출판의 자유를 억압하는 데 긴요한 단서를 제공해주었다는 점에서 우리 한국의 출판 근대화에는 커다란 걸림돌이 되었던 것으로 판단된다."

신종락(2010)은 18세기부터 나치 시기 그리고 최근까지 독일의 문학 시장, 출판 산업, 베스트셀러, 청소년 독서 등에 관해서 다루고 있다. 망명출판사 쿼리도(Querido)와 알레르트 드 랑에(Allert de Lange)를 중심으로 한 나치의 출판 탄압 정책, 망명지에서의 출판 상황 등을 탐구한다. 출판학계에서 잘 다루어지지 않은 주제였기 때문에 출판학 연구의 외연을 넓혔다는 데 의의가 있다.

(3) 출판역사 연구

출판역사 연구는 뚜렷한 성향은 보이지 않고 교과서, 서적 유통, 지역 출판, 잡지 등에 관한 다양한 역사적 접근을 하고 있다. 해방 이전 시기 출판에 관한 연구로 교과서의 번역자 · 저술가 · 출판인으로서 큰 족적을 남긴 백당 현채의 활동을 『유년필독』(1907) 출판을 중심으로 고찰한 이종국(2010), 일제 강점기 한민족의 한글 출판을 연구한 박몽구(2010), 근대 출판문화 정착과 경성서적업조합의 역할을 살펴본 방효순(2012) 등이 있다.

이종국(2010)은 『유년필독』이 유소년 교과서라고 하나 전 국민에게 국권 회복 이념을 환기하고 국민의 자강 의식을 독려하고자 현채가 저술, 출판한 책이라고 설명한다. 이 책은 일제와 친일 한국 정부의 규제를 받아 가장 많은 압수 처분을 당한 도서인데, 규제 이후 미주와 노령 연해부 및 간도 등지에서도 광범위하게 사용되었다고 한다. 이종국은 민족주의가 약화되고 있는 오늘의 현실에서 『유년필독』의 의미를 환기시키며 "민족 수난을 극복하고자 했던 한 애국 출판인의 열정을 재발견"하고 "그러한 의미에서 바람직한 교과서란 어떤 것이어야" 하는지 일깨워 주고 있다고 주장한다.

박몽구(2010)는 일제 강점기 국내와 국외의 출판 상황을 검토하고 그 결과를 이렇게 정리한다.

첫째, 일제기 한민족의 출판 활동은 대부분 민족의식의 발로에서 시작되었다. 둘째, 일제기는 개화기의 엘리트적 출판문화에서 탈피하여 대중적 서적출판문화를 구현하게 되었다. 셋째, 중국과 일본, 미국 등 한반도 권역 밖에서 이루어진 한글 출판의 경우 민족정기를 고양할 목적으로 이루어진 경우가 대부분이다. 넷째, 일제기의 한글 출판은 우리말과 문화를 지켜내고 발전시켰을 뿐만 아니라, 현대 출판으로 이행하는 징검다리가 되었다. 다섯째, 일제기의 출판은 중요한 민족 교육을 담당하였다.

방효순(2012)은 경성서적업조합(이하 조합)이 경성 지역 내 출판사와 서적상들이 함께 참여하여 서적의 배타적 출판 및 공동 발매를 통해 서적 시장의 안정화를 꾀하고자 1916년 설립했던 서적업동업자조합이라고 하며 그 역사적 의의를 다음과 같이 밝힌다.

첫째, 중복 출판을 지양하고 신서적을 출판하도록 하는 촉매 역할을 하여 신서적 출판 시장의 규모를 키우는 데 일조하였다. 둘째, 출판사로 하여금 저작권 개념을 명확히 인식하도록 하였다. 셋째, 정가 제도를 정착시켜 유통 체계를 바로잡고자 했다. 넷째, 조합의 주도적 인사들은 당시 악법이던 신문지법, 출판법 개정 당시 서적계 전반의 문제를 해결하고자 노력했다. 다섯째, 조합은 당시 국내의 일본인 서적상조합인 조선서적상조합에 대항하는 국내 서적상 조합으로서의 상징성을 가졌다.

해방 이후의 출판역사 연구로는 1960년대 이후부터 2000년대까지 출판 유통의 환경 변화를 연구한 신종락(2014)이 있다. 그는 1960년 이후의 출판유통 환경 변화를 이렇게 특징짓고 있다. 1960년대 전집물 할부 외판제의 성행과 덤핑 판매로 인한 유통 혼란, 1970년대 출판 진흥과 문고본 출판, 1980년대 단행본시장의 확대와 독서 운동의 활성화, 1990년대 도서 대여점 · 홈쇼핑 · 도서 할인점 · 편의점 등 도서 유통 구조의 다양화, 2000년대 디지털 환경과 유통 영역의 변화이다. 아울러, 21세기 출판 시장은 오프라인 서점의 역할이 점점 퇴색되고 대신 온라인 서점의 비중이 커지고 있으며 유통 경로도 인터넷을 통한 독자 직거래 등 매체에 의존한 유통이 점점 확대되고 있다고 지적한다.

한편, 조선 시대『삼강행실도』의 출판을 커뮤니케이션학적으로 접근한 노병성(2014), 독일 구텐베르크 이후의 인쇄 문화를 레토릭 관점에서 성찰한 조맹기(2010) 등의 연구 역시 출판학계에 신선한 자극이 되고 있다.

그리고 출판 산업의 관점에서 출판 역사를 통사적으로 접근한『한국출판산업사』(한국출판학회 편, 2012), 한국 근현대 출판 100년의 역사를 출판사와 출판인 중심으로 서술한 고정일(2013)이 주목을 요한다.

(4) 독서 요인과 독서운동 연구

독서 관련 연구에서는 독서 요인이나 영향 및 독서 운동에 대한 관심을 보이고 있다. 우선, 독서 요인에 관한 연구로는 독서 동기를 조사한 김선남 · 이문학(2014), 부모 학력이 고등학생의 독서에 미치는 영향을 부르디외의 문화 자본을 중심으로 연구한 이재신 · 이영수(2010), 어머니의 학력이 유아 동화책 선정에 미치는 영향을 분석한 황민선(2014) 등이 있다.

김선남 · 이문학(2014)은 20~30대 여성의 독서 동기를 조사하고 그 결과를 다음과 같이 밝혔다.

첫째, 독서 동기는 지식과 정보의 습득이었다. 둘째, 간접 경험을 하기 위함이었다. 독서는 타인의 삶에 대한 궁금증과 호기심에서 비롯된 것이었고, 이것을 독서를 통해서 충족하였다. 셋째, 독서 동기는 자아 정체성 확보이다. 이들에게 독서는 자아를 재발견하는 하나의 과정이었다. 넷째, 독서 동기는 시간 활용이다. 다섯째, 독서는 치유 욕구에서 비롯되었다. 여섯째, 독서는 재미 추구에서 비롯되었다.

이재신 · 이영수(2010)는 자녀의 독서 행위에 미치는 영향에서 부모 학력이라는 구조적 요인보다 독서 효능감이라는 개인의 자율적 특성이 더 중요한 변인임을 밝혀냈다. 따라서 학령기 학생들의 독서를 활성화하기 위해서는 독서에 대한 심리적 자신감을 키워주는 것이 중요하다고 주장한다.

황민선(2014)은 유아기 어머니를 대상으로 동화책 선정 요인의 일반적 경향을 살펴보고, 어머니의 학력 변인과 동화책 선정 요인과의 관계를 분석하였는데, 그 결과는 다음과 같다.

첫째, 동화책 선정 요인의 일반적 경향은 언어 · 문학적 요인 및 인지적 요인을 고려하는 정도가 높게 나타난 반면, 사회 · 정서적 요인과 예술적 요인은 상대적으로 고려 정도가 낮게 나타났다. 둘째, 동화책 선정 요인과 어머니의 학력 변인 간의 차이 검증에 대해 살펴보면, 언어 및 문학성 발달에 대한 고려는 대학교 졸업 학력의 어머니가 가장 높게 나타났고, 사회 · 정서 발달에 대한 고려는 어머니 학력이 낮을수록 높게 나타났다. 이런 조사를 토대로 유아의 언어 · 문학적, 인지적, 사회 · 정서적, 예술성 발달 측면 등을 고려한 다양하고도 균형 잡힌 동화책 선정이 이루어져야 한다고 주장한다.

독서 운동에 관한 연구로는 해방 후 독서 운동의 성과를 고찰한 박몽구(2014), 1960년대 마을문고 보급 운동을 조사 · 연구한 윤상길(2014), 독서 생태계의 변화에 따른 지력 향상 방안을 독서 운동을 중심으로 살펴본 이문학(2014) 등이 있다.

또한, 뉴미디어의 영향 아래 놓인 휴마트 사회의 독서 환경을 분석한 윤세민 · 이정춘(2013), 현대 독서법의 출판 동향과 독서 이론 연구의 가능성을 고찰한 한명환(2015), 읽기문화 증진을 위한 독서 활성화 방안을 일본의 사례를 중심으로 연구한 김정명(2015) 등도 주목을 요한다.

(5) 출판학 연구 경향 및 출판교육 방향 제시

최근 출판학에 관한 메타 연구와 출판 교육에 관한 관심이 커지고 있다. 출판학 연구에 관한 것으로는 2000년대 이후의 출판학 연구 동향을 분석하고 전망을 제시한 윤세민(2010), 출판학 분야의 연구 경향과 특성을 살핀 김선남(2013) 등이 있는데, 모두 한국출판학회지 《한국출판학연구》를 연구 대상으로 삼았다.

국제적으로 출판학 교류가 활성화되고 있는 가운데, 국제출판학술회의 연구 경향에 관한 연구가 여러 편 나왔는데, 구체적으로 한중출판학술회의를 살핀 김진두(2014), 국제출판학술회의 30년 연구 성과를 살핀 남석순(2014) 등이 있다.

출판학의 분야별 연구를 중심으로 살핀 논의로서 전자출판 분야와 교과서 분야를 대상으로 한 연구가 있다. 구체적으로 국내 전자책(e-Book) 및 전자출판 연구의 주제와 방법을 분석한 강진숙(2011), 2000년 이후의 교과서 출판 관련 연구 현황과 과제를 조사한 윤세민 외(2014), 교과서 중에서 디지털 교과서의 교수 · 학습 관련 연구 성과를 조사한 이문학 외(2013) 등이 있다.

출판 교육에 관한 것으로는 출판 관련 교육 커리큘럼의 트랙제 운영과 학과별 운영을 연구한 이기성(2010), 출판학과의 커리큘럼 현황 및 발전 방향을 국가직무능력표준(NCS)과의 비교 및 출판 종사자의 업무 인식을 중심으로 연구한 한주리(2011) 등이 있다.

2. 출판학의 국제 교류

2010년 이후에도 출판학의 국제 교류는 변함없이 이어졌다. 격년제로 시행되는 국제출판학술회의는 2010년 중국, 2012년 일본에 이어 2014년 한국에서 열렸다. 한국출판학회 주최로 열린 2014년 서울 국제출판학술회의에서는 한·중·일 학자들이 연구 논문을 발표하며, 국제출판학술회의 30년의 성과와 의의를 새기고 미래의 발전 방향을 모색하였다. 이때 한국 측 주제 발표자인 남석순은 국제출판학술회의의 장기적인 비전을 이렇게 제시했다(남석순, 2014).

첫째, 국제출판학회(The International Publishing Science Society) 설립이다. 둘째, 운영 기금의 확보이다. 학회가 구성된다면 자국의 유력 재단 혹은 유네스코, 아시아·태평양 지역 유명 재단의 지원을 기대할 수도 있을 것이며 기금을 확보한 다음에 학회를 구성할 수도 있을 것이다. 셋째, 연구 성과 초록집의 출판 검토가 필요하다. 넷째, 영어판 국제출판 학술저널의 발행이 필요하다. 다섯째, 아시아·태평양 지역으로 확대해 나가야 한다.

이러한 제안은 참여한 회원들의 주목을 끌었고, 각국 대표자 모임에서도 매우 긍정적인 반응을 이끌어 냈다.

한·중출판학술회의 역시 한국출판학회와 중국신문출판연구원이 교대로 주최하며 지속되었다. 2014년은 중국 측 사정으로 1년 연기

되어 2015년 8월 한국에서 열리게 되었다.

이 두 학술회의 외에 2011년 6월에는 서울에서 한 · 일출판학술회의가 열렸다. 주제는 '한 · 일 출판저작권의 현황과 발전 방안'이었다. 일본 측에서 일본출판학회 이사, 일본서적협회 사무국장, 헤이본샤 편집장, 출판평론가, 도쿄전기대학 교수 등 학계 및 출판계를 망라한 인사들이 주제 발표를 맡았다. 한국에서는 김기태 · 이창경 교수, 이구용 KL매니지먼트 대표 등이 발표자로 나왔다. 소중한 학술회의였는데 1회로 끝난 것이 아쉽다. 앞으로 정기 학술회의로 발전하기를 기대한다.

2-4 출판학 연구의 미래 과제

출판학 연구의 미래를 논의하고자 할 때, 어떤 관점으로 보는가 또는 어떤 논의 틀로 검토할 것인지가 가장 중요한 문제가 된다. 출판학의 역사적 특성과 우리 시대의 흐름을 감안하여 논의의 틀을 첫째 한국화, 둘째 국제화, 셋째 종합화로 정해 보았다.

첫 번째의 한국화란 학문의 토착화와 같은 맥락이다. 말하자면 출판학의 정립을 위하여 서구 이론이나 학문을 도입하거나 이식하는 것이 아니라 우리의 논리와 이론을 세워 나가는 것이다. 이것은 출판학의 태동 자체가 학문적 관심보다는 우리의 출판 현실을 개선하고 발전시키기 위한 데 목적을 두었기 때문에 생긴 당연한 현상이다.

두 번째의 국제화란 학문의 국제 교류를 통하여 출판과 출판학을 발전시키자는 것이다. 출판학의 선구자들은 초창기부터 학문의 국제화를 이룩하고자 적극 노력하였고 이러한 노력은 오늘까지도 이어지고 있다. 학문의 세계에서 토착화와 국제화 두 가지를 동시에 이루어 내기는 드문 일인데, 출판학에서는 성공적으로 진행되어 왔다.

세 번째의 종합화는 출판학이 종합 학문적인 특성을 띠면서 학제학의 성격을 지닌다는 의미이다. 창의력이 절실하게 요구되는 21세기에 학문 간의 융합이 중요시되고 있기 때문에, 우리는 초기부터 학제학의 성격을 중시해 온 출판학의 전통을 더욱더 살려나가야 할 것이다.

미래 출판학의 과제를 이러한 세 가지 논의 틀로 나누어 하나씩 살펴보고자 한다.

1. 한국화의 관점

한국화라는 관점에서 볼 때, 출판 산업의 발전과 정부 정책에 관심을 쏟아야 할 것이다. 출판 산업은 첨단 정보기술의 발달로 새로운 패러다임이 요구되고 있다. 새로운 패러다임 속에서 출판 산업이 나아갈 방향과 구체적인 전략을 출판학에서 제시해 줄 수 있어야 한다.

현재 정부 출판정책이 진흥 방향으로 가고 있는 이때에 출판학계에서는 정부 출판정책의 기획과 집행에 대한 엄밀한 분석과 평가는 물론, 출판산업계 지원의 원칙과 기준을 제시할 수 있어야 할 것이다. 산 · 관 · 학의 유기적인 협력 속에서 국가 경쟁력이 강화되고 산업 발전이 이루어지는 것일진대, 출판학계가 산업계와 정부 사이의 중심축이 되어 출판 산업 진흥의 견인차 역할을 하며 한국 출판학의 발전을 주도해야 할 것이다.

2. 국제화의 관점

국제화 관련 논의는 출판과 출판학의 두 분야로 나누어 할 수 있다. 우선, 출판의 국제화는 출판의 해외 수출을 강화하기 위한 방안과 구체적인 전략을 마련하는 일에 관심을 갖는 것이다. 그동안 한국 출판계에서는 해외 수출에 대한 관심은 별로 없었고, 주로 해외 출판물의 저작권을 수입하여 번역물로 국내 매출을 올리는 데에 경쟁적으로 매달렸다. 그 결과 해외 유명 작품의 로열티가 천정부지로 치솟는 기현상을 낳기도 했다. 이제는 정부와 출판계가 출판의 해외 수출에 적극 나설 수 있도록 출판학에서도 관심을 기울여야 할 것이다.

출판학의 국제화는 30년 이상이라는 역사와 함께 했음에도 여전히 해결해야 할 과제가 많이 남아 있다. 우선, 한 · 중 · 일 삼국의 대표적인 출판학자들이 참가한 2014년 서울 국제출판학술회의에서 나온 제안들을 구체화시켜 나가는 일이 중요할 것이다. 중국 대표는 국제출판학술회의가 일회성에 그치지 말고 지속적으로 발전할 수 있는 연계 방안을 마련하자고 했고, 일본 학자는 출판에 관한 국가별 비교 연구를 제안했다.

특히, 한국에서는 노병성이 대회 마지막 날 국제출판학술회의 발전을 위한 방안을 별도로 발표하여 주목을 끌었다. 그 내용은 첫째, 국제출판학술회의 발전을 위해 사이버상의 홈페이지를 구축할 것, 둘째, 참여 국가를 확대할 것, 셋째, 발표 주제의 영역을 넓힐 것, 넷째, 사이버 학술 저널을 발행할 것 등이다.

이러한 주장은 앞에서 남석순이 제시한 국제출판학술회의의 장기적인 비전을 실현하기 위한 전단계로서 실현 가능성이 보다 큰 구체적인 제안이라고 생각한다.

1980년대 초반 생소했던 국제출판학술회의를 한국에서 제창하고 실행에 옮겼듯이, 30년이 지난 오늘 다시 한국의 적극적인 역할이 기대된다고 하겠다.

3. 종합화의 관점

출판학의 종합화 관점에서 볼 때, 출판학의 학제적 성격을 강화하는 일은 출판학 자체의 발전을 이룩할 뿐만 아니라, 현대 사회의 다양한 문제들을 출판이라는 프리즘으로 새롭게 바라보며 대안을 마련하는 데 큰 힘이 되어줄 것이다.

구체적인 예를 들면, 지역 균형 발전의 경우, 지역 출판의 활성화를 통하여 지역 문화의 발전을 이룩할 수 있을 것이고 이것은 다시 지역 사회의 발전을 이끌게 될 것이다. 노인 문제의 경우, 노인을 위한 읽을거리를 제공하고 글쓰기 교육을 통한 자서전 만들기 운동 등을 전개함으로써 노인의 자존감을 높이고 노인 자살률을 낮추는 데 기여할 수 있을 것이다. 다문화 사회의 문제 역시, 다문화 가정의 독서 지도와 그들을 위한 서적의 출판을 통하여 바람직한 다문화 사회의 정착에 기여할 수 있을 것이다.

특히 남북통일의 준비와 통일 후 과제는 출판과 출판학이 주도적으로 담당해야 할 것이다. 통일 과제는 정치, 경제, 사회, 문화 등에 걸쳐서 다양한 갈등과 문제들을 치유하고 해결해야 하는 작업이기 때문이다.

따라서 교육과 새로운 문화 창조에 가장 적합한 출판과 종합 학문으로서의 출판학이 선도적으로 해결해 나가야 할 것이다.

2-5 맺음말

이상으로 한국 출판학 연구의 과거 역사를 돌아보며 현재 상황을 점검하고 출판학의 미래 과제를 논의하였다. 1960년대 출판을 주제로 저술하고 학회 활동을 하며 출판학을 탄생시킨 주역들은 무에서 유를 창조해 낸 개척자들이었다.

오늘날 인문학이 흔들리는 대학 사회의 풍토 속에서 출판학 또한 위축되는 위기를 맞고 있다. 그러나 출판학 연구자들은 한국출판학회를 중심으로 다시 출판학을 더욱 발전시킬 미래 비전과 전략을 찾는 일에 적극 나서고 있다. 그럴 때 초창기 역사와 당시 주역들의 문제의식은 많은 참조가 될 것이다.

여기에서 출판학의 미래를 통찰할 수 있는 관점 또는 논의의 틀이 한국화, 국제화, 종합화의 세 가지로 자연스레 압축되었다.

출판학을 시작하던 1960년대와는 현재의 시대 상황이 많이 달라졌지만, 출판학을 위한 논의의 틀은 오히려 21세기에 더욱 걸맞다는 생각을 하게 된다. 왜냐하면 한국의 국가경쟁력 강화가 한계에 다다른 지금, 문화적으로 우리 고유의 장점을 찾아 내세우는 일이 더 절실해졌기 때문이다. 말하자면 한국화를 강조하지 않을 수 없게 된 시대가 도래한 것이다. 아울러, 지금은 특색 있는 문화를 해외로 전파하고 상품화하는 것이 국가 경쟁력의 중요한 요소가 된 시대이다. 이러한 점에서 문화의 창조와 전파에 가장 적합한 출판이야말로 주도적인 역할을 맡아야 할 것이다.

국제화의 흐름이 거침없이 빨라지는 지금, 학문의 세계에서는 더욱 앞장서서 나가야 할 것이다. 종합화의 특성 역시 창의성을 위하여 융합과 통섭이 강조되는 시기에 필수적인 조건으로 인식되고 있다.

종합화 또는 통섭의 과제는 출판학 연구의 발전에서 더욱 요구된다. 보다 가변적이고 복합적인 사회로 변해가는 오늘날의 흐름에서 타 학문과의 교류 또는 공동 작업은 시대적인 요청이 아닐 수 없다. 학문 초창기부터 종합 학문 또는 학제학의 특성을 지녀온 출판학은 이제 그 전통을 더욱 살려서 우리 사회와 문화를 새롭게 통찰하고 새로운 비전을 제시하는 일에 앞장서야 할 것이다.

그러고 보면 최근 인접 학문인 언론학에서뿐만 아니라 역사학, 문학, 문헌정보학, 공학, 미학, 법학, 경영학 등등 각 분야의 학문 세계에서 출판과 관련된 소중한 연구 논문과 단행본들이 끊임없이 나오고 있다. 반가운 일이다. 출판학에서 이러한 연구들을 포용함으로써 학문 영역을 넓히고 연구를 심화시켜 나가야 할 것이다.

출판학의 국제화 역시 국제출판학술회의에서 제시되었듯이, 그 교류 대상국과 주제를 더욱 확대시킬 수 있어야 한다. 국제화가 바로 세계화여야 하기 때문이다. 이것은 바로 가장 한국적인 것이 가장 세계적인 것이라는 명제와 꼭 들어맞게 된다.

요컨대 한국화, 국제화, 종합화는 출판학의 특성이며 초창기 출판학을 성립시킨 주역들의 문제의식의 기반이었다. 이러한 특성과 문제의식은 미래에도 출판학을 선도하는 원동력으로 작용할 것이다.

■ 참고문헌

강진숙(2006). 「탈문자시대의 미디어 문화와 이용자에 관한 이론적 연구-포스터, 플루서, 비릴리오의 입장을 중심으로」, 《한국출판학연구》 제51호.

강진숙(2011). 「국내 전자책 및 전자출판 연구의 주제와 방법에 대한 메타 연구」, 《한국출판학연구》 제61호.

고영수(1986). 「일제하의 금서출판소고」, 《출판학연구》.

고정일(2013). 『한국출판 100년을 찾아서 : 한국근현대출판문화사』, 정음사.

구모니카 · 유제상(2010). 「한국 전자출판 플랫폼 정립에 관한 연구 - 전자책의 장르 편중 현상을 중심으로」, 《한국출판학연구〉 제59호.

권영자(2012). 「한 · 일 대학출판부 출판 활동의 실증적 비교 연구 : 서울대학교출판문화원과 도쿄대학출판회를 중심으로」, 《한국출판학연구》 제62호.

권호(2003). 「중국 대형 출판사에 대한 일고찰」, 《한국출판학연구》 제45호.

금창연(1992). 『편집레이아웃 1,2』, 독자와함께.

김경일(1995). 「DTP의 현황과 전망에 관한 연구」, 《출판학연구》.

김경일(2002). 「출판학 이론 교육강화의 필요성에 대한 고찰」, 《한국출판학연구》 제44호.

김경일(2005). 「정보격차 해소 방안으로서 미디어교육-독서교육의 관점에서」, 《한국출판학연구》 제49호.

김경일(2006). 「전자책 콘텐츠의 이용자 증대에 관한 연구-접근성의 확대를 중심으로」, 《한국출판학연구》 제50호.

김경일(2014). 「전자책의 수용결정요인에 관한 연구 : 전자책 이용동기, 지각된 용이성과 유용성을 중심으로」, 《한국출판학연구》 제68호.

김기태(1995). 「출판권 행사에 따르는 새로운 문제에 관한 고찰」, 《출판학연구》.

김기태(1998). 「광고의 저작물성과 저작권 침해요소에 관한 연구」, 《출판학연구》.

김기태(1999a). 「인쇄매체의 전자화 양상에 따른 커뮤니케이션 패러다임 비교 연구」, 《출판학연구》.

김기태(1999b). 「한국에 있어 WTO 가입 전후의 출판상황에 관한 연구」, 《출판학연구》.

김기태(2000). 「학회활동의 전개 제3기 : 학회활동의 중흥-1990~1999」, 한국출판학회30년사편찬위원회 편, 『한국 출판학의 사적 연구』, 한국출판학회.

김기태(2005a). 「독서력 측정 도구 개발을 위한 기초 연구」, 《한국출판학연구》 제48호.

김기태(2005b). 『디지털 미디어 시대의 저작권』, 이채.

김기태(2005c). 『매스 미디어와 저작권』, 이채.

김기태(2007). 『신저작권법의 해석과 적용』, 세계사.

김기태(2010). 「새로운 패러다임 구축을 위한 '출판'의 재개념화 연구」, 《한국출판학연구》 제58호.

김기태(2011). 「일본 근대 저작권 사상이 한국 저작권 법제에 미친 영향 : 출판권을 중심으로」, 《한국출판학연구》 제60호.

김기태(2012). 「근대 일본의 출판통제정책 연구 : 메이지 시대를 중심으로」, 《한국출판학연구》 제62호.

김동규(2004). 「한국출판의 동북아 시장 진출 전략 연구」, 《한국출판학연구》 제46호.

김동규 · 윤광원 · 심영섭(2012). 「디지털화에 따른 교과서 출판 행위자 간의 협력적 거버넌스 연구」, 《한국출판학연구》 제62호.

김두식(1987). 「한국의 경제성장과 출판의 관계 고찰」, 《출판학연구》.

김두식(1992). 『편집실무와 전자출판』, 타래.

김두식(1994). 『전자출판과 멀티미디어의 이해와 활용』, 타래.

김두식(2000). 「한글 판본 글자꼴의 변천과 특성에 관한 연구」, 《한국출판학연구》 제42호.

김두식(2001). 「인터넷 출판 컨텐츠 및 인터페이스 기획에 관한 연구」, 《한국출판학연구》 제43호.

김두식(2002). 「인터넷 문자정보의 효율적 전달에 관한 연구」, 《한국출판학연구》 제44호.
김두식(2003). 「한글 자형(字形)의 변천에 관한 연구」, 단국대 대학원 박사학위논문.
김두식(2004). 「〈국문정리〉에 나타난 한글 글꼴 특성에 관한 연구」, 《한국출판학연구》 제47호.
김두식(2005). 「e-Book 산업구조 개편에 관한 연구」, 《한국출판학연구》 제48호.
김두식(2008). 『한글 글꼴의 역사』, 시간의물레.
김병준 · 김병도(1999). 『출판경영론』, 지경사.
김병철(1990). 「문화유입에 있어서의 개화기 지식인의 정신자세에 관한 연구」, 《출판학연구》.
김선남(1998). 「수용자의 독서동기에 관한 실증적 연구」, 《출판학연구》.
김선남(2013). 「출판학 분야의 연구 경향과 분석」, 《한국출판학연구》 제64호.
김선남 · 이문학(2014). 「20-30대 여성의 독서 동기에 관한 연구」, 《한국출판학연구》 제66호.
김앵아 · 강현주(2011). 「E-book의 활용에 따른 독서문화 변화의 특성 연구」, 《한국출판학연구》 제60호.
김양수(1994). 「조선 전기의 출판정책」, 《출판학연구》.
김윤진(2013). 「중국에서의 문학한류와 번역현황」, 《한국출판학연구》 제64호.
김재윤(2001). 「매체환경의 변화와 독서의 역할」, 《한국출판학연구》 제43호.
김정명(2015). 「읽기문화 증진을 위한 독서활성화 연구 : 일본의 사례를 중심으로」, 《한국출판학연구》 제71호.
김정숙(1994). 「전자출판의 발전에 따르는 기초 환경의 문제점」, 《출판학연구》.
김정숙(1996). 「독서환경에 영향을 미치는 사회문화적 요인에 관한 고찰」, 《출판학연구》.
김정숙(2005). 「U-시대 한국 인터넷출판 현상 분석」, 《한국출판학연구》

제49호.

김정숙(2006). 「U-북 콘텐츠 개발동향 분석 및 활성화 방안 연구」, 《한국출판학연구》 제50호.

Kim, Jeong-Suk(2010). "A Study on the Spread of Publishing Cultural Exchange between Korea and Spain over 60 Years", 《한국출판학연구》 제59호.

김정숙(2011). 「미디어 생태변화에 따른 e-Book 출판의 가치사슬 및 가치 네트워크 변화에 관한 연구」, 《한국출판학연구》 제61호.

김정숙 · 백원근(2013). 「e-북 출판사의 출판유형에 관한 Q-방법론 적용 연구」, 《한국출판학연구》 제64호.

김종수(1997). 『유럽 도서유통에 관한 고찰』, 한국출판연구소.

김지연 · 강진숙(2013). 「블로그와 트위터 이용자들의 소셜 미디어 출판에 대한 연구 : 피에르 레비(Pierre Levy)의 집단지성을 중심으로」, 《한국출판학연구》 제65호.

김진두(2000). 「전자책의 가능성에 대한 연구」, 《한국출판학연구》 제42호.

김진두(2014). 「한중출판학술회의의 연구 경향에 관한 연구」, 《한국출판학연구》 제67호.

김진두 · 김창옥(2005). 「한류를 이용한 도서의 수출 방안에 대한 연구」, 《한국출판학연구》 제49호.

김진두 · 김창옥(2006). 「개혁 개방 이후의 중국 출판 산업에 대한 연구」, 《한국출판학연구》 제51호.

남석순(2001). 「출판학 교육의 현황과 과제」, 《한국출판학연구》 제43호.

남석순(2011). 「출판콘텐츠의 다중 미디어 확산전략 연구 : 스토리텔링 3방식을 중심으로」, 《한국출판학연구》 제61호.

남석순(2014). 「출판학연구의 국제동향과 방향 분석(Ⅱ) : 국제출판학술회의(IFPS) 30년 연구 성과와 방향 분석을 중심으로」, 《한국출판학연구》 제68호.

노병성(1993). 「1980년대 한국 출판산업의 산업조직론적 특성에 관한 연구」, 서강대 대학원 신문방송학과 박사학위논문.

노병성(1996). 「한국출판산업의 활성화에 관한 일고찰」, 《출판학연구》.

노병성(2003). 「미국의 출판교육에 관한 고찰」, 《한국출판학연구》 제45호.

노병성(2004). 「한국 출판의 영미권 진출을 위한 전략 연구」, 《한국출판학연구》 第46호.
노병성(2006). 「주자의 독서관에 관한 고찰」, 《한국출판학연구》 제51호.
노병성(2007a). 「18세기 조선 지식인의 독서방법에 관한 고찰」, 《한국출판학연구》 제52호.
노병성(2007b). 「최한기의 출판사상」, 《한국출판학연구》 제53호.
노병성(2008). 「아날로그와 디지털 텍스트의 독서 패러다임에 관한 고찰」, 《한국출판학연구》 제54호.
노병성(2010). 「'출판'의 개념 변화에 관한 고찰」, 《한국출판학연구》 제59호.
노병성(2014). 「『삼강행실도』에 관한 커뮤니케이션학적 접근」, 《한국출판학연구》 第66호.
류영미 · 이문학(2007). 「유비쿼터스 시대 전자출판산업의 발달요인에 대한 연구」, 《한국출판학연구》 제53호.
리우란 샤오(2006). 「중국 출판학 연구의 회고와 전망」, 《제8회 한 · 중출판학술회의 논문집》, 한국출판학회.
문연주(2007). 「다매체시대의 총서출판의 매체 경쟁력-일본의 교양신서 출판의 역사와 현황을 중심으로」, 《한국출판학연구》 제53호.
민병덕(1970). 「논픽션과 한국 독자의 의식」, 《출판학》 제3집.
민병덕(1971). 「시인과 시와 그 독자」, 《출판학》 제7집.
민병덕(1974a). 「도서의 내력과 그 형태」, 《출판학》 제21집.
민병덕(1974b). 「독자의 심미안과 도서장정」, 《출판학》 제20집.
민병덕(1983). 「출판학의 연구방법과 과제」, 《출판학연구》.
민병덕(1984). 「출판의 미래와 출판학의 학문적 성격」, 《출판학연구》.
민병덕(1986). 「출판학 연구방법론에 대한 고찰」, 《출판학연구》.
민병덕(1992). 「한국 개화기의 출판관에 관한 연구」, 《출판학연구》.
박몽구(2010). 「일제 강점기 한민족 출판 연구」, 《한국출판학연구》 제59호.
박몽구(2014). 「해방 후 한국 독서운동의 성과와 반성」, 《한국출판학연구》 제66호.
방효순(2012). 「근대 출판문화 정착에 있어 경성서적업조합의 역할에 관한 고찰」, 《한국출판학연구》 제63호.

백운관(1989) 「조선조 관찬도서 유통양태고」, 《출판학연구》.
백운관 · 부길만(1992). 『한국출판문화변천사』, 타래.
백원근(2007). 「일본 출판산업의 현황과 시사점-유비쿼터스 환경을 중심으로", 《한국출판학연구》 제52호.
백원근(2014). 「하이브리드 독서문화의 현황과 발전 과제」, 《한국출판학연구》 제68호.
변선웅(1970a). 「편집론 소고」, 《출판학》 제3집.
변선웅(1970b). 「도서의 우편 판매 소고」, 《출판학》 제5집.
변선웅(1971). 「한국 출판업의 불황타개시론」, 《출판학》 제10집.
변선웅(1974). 「한국인의 독서 경향」, 《출판학》 제21집.
부길만(1995). 「산업혁명기 유럽의 출판에 관한 연구」, 《출판학연구》.
부길만(2006). 「한국 출판학 연구의 흐름과 지향과제」, 《제8회 한 · 중출판학술회의 논문집》, 한국출판학회.
부길만(2014a). 『한국 출판의 흐름과 과제1』, 시간의물레.
부길만(2014b). 『한국 출판의 흐름과 과제2』, 시간의물레.
성대훈(2004). 『디지털 혁명, 전자책』, 이채.
성동규 · 성대훈(2010). 「휴대용 eBook 단말기 이용의도에 영향을 주는 요인에 관한 연구」, 《한국출판학연구》 제58호.
성동규 · 박상호(2005a). 「유비쿼터스시대의 전자책 활성화에 관한 연구」, 《한국출판학연구》 제48호.
성동규 · 박상호(2005b). 「전자책 이용 활성화를 위한 이용 행태 조사연구」, 《한국출판학연구》 제49호.
성동규 · 박상호(2006). 「U-Book 이용에 관한 기대가치론적 연구」, 《한국출판학연구》 제51호.
성동규 · 서보윤(2001). 「독서 활성화를 위한 영상 미디어의 활용에 관한 연구」, 《한국출판학연구》 제43호.
송병갑(1967). 「한국 출판경영에 관한 연구 : 특히 그의 Marketing Management를 중심으로」, 고려대 경영대학원 석사학위 논문.
신종락(2007). 「독일 출판산업의 동향과 전망」, 《한국출판학연구》 제52호.
신종락(2008). 『해외 서점과 출판 : 독일과 한국』, 시간의물레.

신종락(2010). 『독일의 문학과 출판』, 시간의물레.
신종락(2014). 「한국 현대 출판유통 환경변화 연구 : 1960년대~2000년대를 중심으로」, 《한국출판학연구》 제67호.
안춘근(1966.12.). 「출판학원론」, 《성균》 제17호.
안춘근(1963). 『출판개론』, 을유문화사.
안춘근(1969). 『출판사회학』, 통문관.
안춘근(1971a). 『한국출판세시론』, 성진문화사.
안춘근(1971b). 「고려속장경 출판경위고」, 《출판학》 제9집.
안춘근(1972), 「한국불교서지고」, 《출판학》 제12집.
안춘근(1975). 『현대출판학연습』, 경인문화사.
安春根(1978). 日韓文化情報センタ 譯, 『韓國佛教書誌考』, 同朋舍.
안춘근(1981). 『한국출판문화론』, 범우사.
안춘근(1987). 『한국출판문화사대요』, 청림출판.
안춘근(1992). 『출판의 진실』, 청림출판.
양현규(1974). 「개화기의 독서계층」, 《출판학》 제22집.
오경호(1994). 『출판기획원론』, 일진사.
오세종(2005). 「유비쿼터스 시대의 출판 커뮤니케이션 증진을 위한 기초 연구」, 《한국출판학연구》 제49호.
윤병태(1985). 「충청지방의 출판문화」, 《출판학연구》.
윤병태(1986). 「조선조 전기의 병서 간행」, 《출판학연구》.
윤병태(1989). 「경상감영과 대구지방의 출판인쇄문화」, 《출판학연구》.
윤병태(1992). 「평양의 목판인쇄 출판문화」, 《출판학연구》.
윤병태(1992). 『조선후기의 활자와 책』, 범우사.
윤상길(2014). 「1960년대 독서문화의 기반과 마을문고 보급운동」, 《한국출판학연구》 제66호.
윤세민 외(2014). 『교과서 출판 관련 연구의 현황과 과제』, 동아출판.
윤세민(2002). 「웹진의 웹 미디어적 특성 연구」, 《한국출판학연구》 제44호.
윤세민(2005). 「출판 공교육의 위기와 출판교육의 위상 정립에 관한 연구」, 《한국출판학연구》 제49호.
윤세민(2010). 「2000년대 출판학 연구의 동향과 전망 – 한국출판학회지 『한국출판학연구』를 중심으로」, 《한국출판학연구》 제58호.

윤세민 · 이정춘(2013). 「'휴마트 사회'의 새로운 독서환경에 대한 일 고찰 : 스마트 시대 브레인 운동으로서의 독서를 중심으로」, 《한국출판학연구》 제65호.
윤형두(1983). 「한국과 일본의 도서유통에 관한 비교연구」, 중앙대 신문방송대학원 석사학위논문.
윤형두(1984). 「한국 도서유통 개혁론」, 《출판학연구》.
윤형두(1997). 「한국 출판유통-그 현황과 변화를 위한 시도」(제8회 국제출판학술세미나[동경] 발표논문), 《출판학연구》.
윤형두 · 김희락(1992). 「정보사회와 출판산업」, 《출판학연구》.
이강수(2000). 「출판학의 선구자 안춘근 선생님」, 한국출판학회 30년사 편찬위원회 편, 『한국 출판학의 사적 연구』, 한국출판학회.
이건웅(2010). 「중국 출판콘텐츠의 국내 수용 및 문제점에 관한 연구 - 인문, 소설분야를 중심(2005년~2010년)으로」, 《한국출판학연구》 제59호.
이건웅(2014). 『한중출판과 출판한류』, 차이나하우스.
이기성 외(1998). 『전자출판 3 : DTP system 문방사우를 중심으로』, 장왕사.
이기성(1988). 『전자출판』, 영진출판사.
이기성(1992). 「한글 출력코드의 릭스곡선에 관한 연구」, 《출판학연구》.
이기성(1993). 「전자출판과 디스크책에 관한 연구」, 《출판학연구》.
이기성(1994). 「한글 글뭉치와 릭스 빈칸 비율에 관한 연구」, 《출판학연구》.
이기성(1995). 「전자출판을 위한 한글 글자꼴 개발에 관한 연구」, 《출판학연구》.
이기성(1996). 「한국 출판에서 전자출판의 위치와 영향 및 대응책」, 《출판학연구》.
이기성(1997a). 『전자출판 2』, 장왕사.
이기성(1997b). 「전자출판용 한글 본문체와 한글 제목체 활자에 관한 연구」, 《출판학연구》.
이기성(2000a). 『e-book과 한글폰트』, 동일출판사.
이기성(2000b). 「출판 관련 학과의 커리큘럼에 관한 기초 연구」, 《한국출판학연구》 제42호.

이기성(2001a). 「출판용 본문체 한글 폰트 디자인에 관한 연구」, 《한국출판학연구》 제43호.
이기성(2001b). 「출판용 한글 글꼴 및 세라믹 활자 개발에 관한 연구」, 경기대 대학원 박사학위논문.
이기성(2002)). 『전자출판 4』, 서울출판미디어.
이기성(2003). 「한글 고딕체와 네모체 폰트에 관한 연구」, 《한국출판학연구》 제45호.
이기성(2005). 「병원 간판에 나타난 한글 타이포그래피 연구」, 《한국출판학연구》 제48호.
이기성(2007a). 『유비쿼터스와 출판〉, 한국학술정보.
이기성(2007b). 『컨버전스와 출판〉, 장왕사.
이기성(2010). 「출판관련 교육 커리큘럼의 트랙제 운영과 학과별 운영에 관한 연구」, 《한국출판학연구》 제58호.
이두영(1990). 「한국 출판산업의 정보화에 관한 연구」, 《출판학연구》.
이두영(1993). 『출판유통론』, 청한.
이두영(2000). 「출판학에 있어서의 분배부문연구」, 한국출판학회30년사 편찬위원회 편, 『한국 출판학의 사적 연구』, 한국출판학회.
이문학 외(2013). 『디지털교과서의 교수 · 학습 관련 연구 성과와 시사점 분석』, 한국출판학회.
이문학(2010). 「출판물 제작과정의 환경 인자에 관한 연구」, 《한국출판학연구》 제59호.
이문학(2014). 「독서 생태계의 변화에 따른 지력 향상 발전방향 연구 : 독서운동을 중심으로」, 《한국출판학연구》 제68호.
이병혜(2005). 「유비쿼터스 출판의 미래와 전망」, 《한국출판학연구》 제48호.
이봉우(2014). 「『민성보』의 발간과 사회적 지향」, 《한국출판학연구》 제66호.
이영호(1996). 「전자출판을 위한 타이포그래피에 관한 연구」, 《출판학연구》.
이옥기(2011). 「앱북에 대한 수용자의 재매개화와 사용 용이성 인식에 대한 연구」, 《한국출판학연구》 제60호.

이완수 · 이제영 · 임윤선(2010). 「편집출판에 대한 문화 간 커뮤니케이션 연구 – 한국과 중국 대학생 집단의 주관적 인식을 중심으로」, 《한국출판학연구》 제59호.

이용제(2007). 「한글 네모꼴 민부리 본문 활자에서의 글자 사이 체계 연구」, 홍익대 대학원 박사학위논문.

이용준(1999). 『디지털혁명과 인쇄매체』, 커뮤니케이션북스.

이용준(2000). 「외국 전자출판의 현황과 발전 방향–미국과 유럽 사례를 중심으로」, 《한국출판학연구》 제42호.

이용준(2005). 「e–Book 콘텐츠의 수익구조 개선방안에 대한 연구」, 《한국출판학연구》 제48호.

이용준(2010). 「한국전자책 시장에 대한 수용자 인식 연구」, 《한국출판학연구》 제59호.

이임자(1992). 「베스트 셀러의 요인에 관한 연구–한국 출판 100년의 베스트셀러를 중심으로」, 중앙대 대학원 신문방송학과 박사학위논문.

이임자(1998). 『한국 출판과 베스트셀러』, 경인문화사.

이재신 · 이영수(2010). 「부모 학력과 독서 효능감이 고등학생의 독서에 미치는 영향 – 부르디외의 문화자본을 중심으로」, 《한국출판학연구》 제59호.

이정춘(1991). 「다매체경쟁시대에 있어서의 청소년 독서교육」, 《출판학연구》.

이정춘(1993). 「매체경쟁시대의 청소년 매체환경과 독서문화」, 《출판학연구》.

이정춘(2002). 「미디어교육으로서 독서교육에 관한 연구」, 《한국출판학연구》 제44호.

이종국(1985). 「〈우리나라의 발달 1〉 편찬발행에 대한 고찰」, 《출판학연구》.

이종국(1986). 「신문화유입기에 있어서의 출판실태변천에 대한 연구」, 《출판학연구》.

이종국(1988). 「1945년의 출판실태에 관한 고찰」, 《출판학연구》.

이종국(1989). 「교과서관과 교과서 연구」, 《출판학연구》.

이종국(1991). 『한국의 교과서』, 대한교과서.
이종국(1996). 「한국의 교과서 출판 정책과 국제적 경향에 관한 고찰」, 《출판학연구》.
이종국(2000a). 「초창기의 출판학 연구에 대한 고찰」, 한국출판학회30년사편찬위원회 편, 《한국 출판학의 사적 연구》, 한국출판학회.
이종국(2000b). 「출판 교육의 새로운 모색을 위한 연구」, 《한국출판학연구》 第42호.
이종국(2001a). 「편집 · 출판학 전공 선발에 관한 논의-중국 南開大學의 경우」, 《한국출판학연구》 第43호.
이종국(2001b). 『한국의 교과서 출판 변천 연구』, 일진사.
이종국(2004). 「출판학술 교류의 발전적 지향을 위한 연구」, 《한국출판학연구》 第47호.
이종국(2005). 『한국의 교과서상』, 일진사.
이종국(2006). 『출판연구와 출판평설』, 일진사.
이종국(2008). 『한국의 교과서 변천사』, 대한교과서.
이종국(2010). 「교과서 출판인 백당 현채의 출판 활동에 대한 연구 – 『유년필독』 출판을 중심으로」, 《한국출판학연구》 第58호.
이창경(2012). 「조선통신사가 한 · 일출판문화 발전에 미친 영향」, 《한국출판학연구》 第63호.
장용호 · 공병훈(2012). 「국내 전자책 플랫폼의 부상 과정과 유형에 관한 연구 : 교보이북, 바로북, 북큐브, 리디북스에 대한 사례연구」, 《한국출판학연구》 第62호.
장용호 · 공병훈(2013). 「디지털 출판 생태계와 출판사의 적응 전략 연구」, 《한국출판학연구》 第65호.
전영표(1985). 「저작권의 국제적 협약과 한국의 가입문제」, 《출판학연구》.
전영표(1986). 「교과서의 편집체재 논구」, 《출판학연구》.
전영표(1993). 『정보사회와 저작권 : 지식, 정보의 국제유통과 지적재산』, 법경출판사.
정수영(2010). 「『만화 혐한류(マンガ嫌韓流)』의 이야기 분석을 통해 본 일

본 내 혐한류에 관한 연구」,《한국출판학연구》 제58호.
정종원(2010). 「대학생의 e-Book 이용실태의 변화에 대한 연구」,《한국출판학연구》 제58호.
정현욱 · 김선남(2008). 「대학생의 독서 동기와 태도에 관한 실증적 연구」,《한국출판학연구》 제54호.
조맹기(2010). 「구텐베르크 이후 레토릭 변화에 관한 연구 – 레토릭 관점에서의 인쇄문화(출판과 신문)의 성찰」,《한국출판학연구》 제58호.
천혜봉(1990). 『한국전적인쇄사』, 범우사.
최봉수(1997). 『출판기획의 테크닉』, 살림출판사.
하동호(1971a). 「한성도서가 남긴 출판물 서지략고」,《출판학》 제8집.
하동호(1971b). 「박문서관의 출판서지고」,《출판학》 제10집.
하동호(1972). 「개화기 소설의 발행소 · 인쇄소 · 인쇄인고」,《출판학》 제12집.
하동호(1974). 「韓國 古書籍商 變遷略考」,《출판학》 제20집.
한국출판연구소(2006). 『출판지식산업 관련 통계 조사분석』, 문화관광부.
한국출판학회 편(2012). 『한국출판산업사』, 한울.
한국출판학회30년사편찬위원회 편(2000). 『한국 출판의 사적 연구–한국출판학회30년사〉, 한국출판학회.
한명환(2015). 「현대 독서법의 출판 동향과 독서이론 연구의 가능성」,《한국출판학연구》 제72호.
한승헌(1987). 「한국의 UCC 가입과 출판」,《출판학연구》.
한승헌(1988). 『저작권의 법제와 실무』, 삼민사.
한승헌(1989). 「동아시아에 있어서의 국제저작권의 재평가」,《출판학연구》.
한승헌(1992). 『정보화시대의 저작권』, 나남.
한승헌(1993). 「한국에서의 국제저작권보호와 출판」,《출판학연구》.
한주리(2011). 「출판학과의 커리큘럼 현황 및 발전 방향 연구 : 국가직무표준과의 비교 및 출판종사자의 업무 인식을 중심으로」,《한국출판학연구》 제60호.
한태석(1969a). 「출판사적(出版史的)으로 본 신소설」,《출판학》 제1집.

한태석(1969b). 「한국 도서 마케팅과 판매정책」, 《출판학》 제2집.
한태석(1970, 1971). 「교정개론」(5회 연재), 《출판학》 제3~7집.
한태석(1972, 1973). 「출판경영론」(3회 연재), 《출판학》 제11집, 제14~15집.
한태석(1981). 「신소설의 판권」, 《출판학논총》.
허경무(2006). 「조선시대 한글 서체의 연구」, 부산대 대학원 박사학위논문.
황민선(2001). 「한국 출판물의 해외 소개 현황 및 활성화 방안에 대한 연구」, 《한국출판학연구》 제43호.
황민선(2002). 「도서의 디지털화에 따른 독서 양식의 변화 연구」, 《한국출판학연구》 제44호.
황민선(2014). 「어머니의 학력 변인과 유아 동화책 선정요인과의 관계 분석」, 《한국출판학연구》 제67호.

2 한국출판학회의 전망과 과제*

2-1 머리말

이 글은 한국출판학회의 현재 상황을 점검하고 미래의 전망과 과제를 논의하기 위한 것이다. 현재의 상황 검토를 위해서는 세 가지 사항을 살펴보고자 한다. 첫째, 학회지에 발표된 논문 및 출판정책 라운드 테이블에서 진행된 토론에 나타난 연구 경향과 성과이다. 둘째, 한국출판학회의 내부 상황적 특성으로 긍정적 측면과 부정적 측면이다. 셋째, 외적 상황으로 불리한 여건과 유리한 여건이다.

이러한 현황 분석을 토대로 한국출판학회의 전망과 과제를 세 가지 측면으로 나누어 풀어보고자 한다. 첫째, 한국출판학회를 둘러싼 제도 · 정책적 사항이다. 둘째, 학회 활동으로 추진해야 할 사항이다. 셋째, 학문적 측면으로 살펴본 출판학 연구의 영역이다.

한국출판학회가 창립된 1969년 이래 한국 사회는 농경 사회에서 산업 사회를 거쳐 정보화 사회로 진입하는 급격한 변화의 소용돌이를 겪으며 발전해 왔다. 한국출판학회 역시 황무지에서 출판학

---

* 2016년 5월 27일 출판문화회관에서 열린 한국출판학회 제31회 정기학술대회 〈주제 : ㈔한국출판학회의 과거, 현재, 미래〉에서 "한국출판학회의 현재와 전망"이라는 제목으로 발표한 것을 수정 · 보완한 것임.

을 탄생시켰고 양적, 질적으로 괄목할 만한 발전을 이룩하였다. 그러나 현재 한국출판학회를 둘러싸고 있는 여건들은 학회의 또 다른 도전을 요구하고 있다. 지금은 현재 상황에 대한 냉철한 인식을 바탕으로 미래를 이끌어갈 비전과 열정이 요청되는 시기이다. 이러한 시점에서 진행하는 한국출판학회에 대한 자아 성찰적 논의는 의미가 깊다고 할 수 있다.

2-2 한국출판학회의 현재

1. 한국출판학회의 연구 현황

(1) 학회지에 나타난 연구의 경향과 성과

한국출판학회의 연구 현황을 파악하기 위해서는 2010년 이후 학회지에 실린 논문에 대한 고찰이 필요한데, 이에 대해서는 앞에서 나온 '출판학의 과거, 현재, 미래'에서 이미 서술한 바 있다. 따라서 여기에서는 현재 출판학에서 강세를 띠고 있는 흐름으로 제시한 5가지를 간략하게 환기만 하고 넘어가기로 한다.

첫째, 전자 출판 및 전자책 이용 연구의 흐름이다. 최근 전자출판 관련 연구는 계속 늘어나는 추세이고, 그 연구 영역도 다양화되고 있다. 즉 전자책을 내고 있는 출판사의 출판 유형이나 적응 전략, 전자책의 이용 실태 및 수용 결정요인 조사, 전자책 플랫폼 관련 연구, 독서 문화의 특성, 출판 개념의 변화 등 그 연구 영역이 다양하게 확장되고 있다.

둘째, 국제 출판교류 및 외국 출판 연구의 흐름이다. 국제출판

연구의 대상이 된 교류 국가로는 중국, 일본, 스페인 등이 있다. 향후 보다 많은 국가를 대상으로 출판 교류가 이루어져야 하고 그동안 이루어지지 않은 국가]에 대한 출판 연구도 활성화되어야 할 것이다.

셋째, 출판역사 연구의 흐름이다. 출판역사 연구는 주로 한국사를 다루고 있는데, 시기는 조선 시대부터 해방 이후 2000년대에까지 걸쳐 있다. 연구 대상은 교과서, 서적 유통, 지역 출판, 출판인 연구 등으로 다양하게 나타나고 있다.

넷째, 독서 관련 연구의 흐름이다. 이 부문은 우선 독서 요인이나 영향 및 독서 운동에 대한 관심이 드러나 있다. 아울러 독서환경 분석, 독서법의 출판 동향, 독서활성화 방안의 해외 사례 등에 대한 연구도 있다.

다섯째, 출판학과 출판교육 연구의 흐름이다. 출판학 연구에 관한 것으로는 출판학 연구의 동향 분석이 두드러지고, 출판 교육에 관한 것으로는 커리큘럼 연구가 주목을 끌고 있다.

(2) 출판정책 토론에 나타난 경향과 성과

한국출판학회에서는 2007년에 출판산업 발전을 위한 토론의 광장을 '출판정책 라운드테이블'이라는 이름으로 마련하여 2015년 현재 제15회까지 진행하였다. 출판정책 라운드 테이블이란, 한국출판학회에서 밝힌 바대로 "가장 민감하게 대두되고 있는 출판계의 과제를 출판학계, 출판산업계, 서점업계, 문화관광부, 언론계 등 분야별 전문가 등이 토론자로 참석하여 심도 깊은 발제와 토론을 통해 출판계의 현황과 문제점을 진단하고 당면 과제의 해결책을 모색하는 자리"이다. 이 라운드 테이블에서 최근에 나온 주제의 경향과 성과를 분석함으로써 한국출판학회의 현재를 살펴보고자 한다. 그 분석은 2010년 제6차 라운드 테이블부터 2015년 제15차 라운드 테이블의 내용을 대상으로 하였다. 주제를 살펴보면, 독서진흥 방안, 출판 정책의 방향, 출판 비평과 언론 보도에 대한 토론이 각각 두 차례씩 있었고 출판 경쟁력, 출판 통계, 전자책, 다문화 출판에 대한 토론이 각각 한 차례씩 있었다. 모두 분류하면 일곱 가지가 되는 셈인데, 하나씩 살펴보기로 하자.

① 독서 요인과 독서운동 연구

김선남(2010)은 독서 진흥을 위한 다양한 대안을 제시했는데 몇 가지만 소개하면, 첫째, 공공 도서관 인프라의 확충, 둘째, 전 국민 독서운동의 전개, 셋째, 언론이 독서 운동에 앞장설 것, 넷째, 독서 관련 방송 채널의 확보 등이 있다.

김흥식(2010)은 독서가 학습효과 증대로 이어진다는 확신을 학부모들과 사회 전체에 심어 주는 운동을 일으키자고 제안한다. 한기호(2010)는 가정과 학교에서 혼자가 아니고 함께 책을 읽는 문화가 절실하다고 주장한다.

독서 진흥의 또 다른 주제로서 현재의 독서 실태에 대한 비관적인 지적과 그 극복을 논의하는 연구도 있다. 우선, 이정춘(2010)은 읽기 문화의 위기에 대응하는 출판 정책의 조건으로 다음 네 가지를 제안한다.

첫째, 출판 정책이 독자 중심의 독서운동을 지원하는 출판문화진흥정책으로 전환되어야 한다. 둘째, 출판문화진흥정책에 대한 논의

파트너가 출판 경영인과 함께 학계와 독자, 저자, 학부모 등의 사회문화 단체들이 되어야 한다. 셋째, 지역 단위의 평생 교육 기관이 정착되어야 한다. 넷째, 가정에서 어린이책 읽어주기 운동부터 시작해야 한다. 주정관(2010)은 읽기 문화의 근간인 동네 서점이 사라지는 현상을 지적하고, 지방 자치 단체(지자체)의 공공 기관, 기업, 도서관 등이 지자체 내의 서점에서 도서를 정가에 구입할 것을 제안한다.

허연(2010)은 "읽는 것이 힘이 되는 사회를 만들어야 한다."고 주장하며, 빌 게이츠는 역사와 사상에 관한 폭넓은 책읽기를 바탕으로 세상을 앞서갈 소프트웨어의 구조를 창안했다고 말한다. 덧붙여, 읽는 행위를 하지 않고도 지식인 대접을 받는 우리 사회 풍토를 바꾸어야 한다고 역설한다.

결국, 독서 진흥은 출판 산업을 살릴 뿐만 아니라 국가 경쟁력을 높이는 길임을 토론에서 인식하게 된다.

② 정부 출판정책의 방향

현재 정부의 출판 정책은 한국출판문화산업진흥원(이하 진흥원)을 통해서 시행되고 있어, 한국출판학회에서 진흥원의 사업을 주제로 두 차례 정책 토론을 한 바 있다. 처음 진행한 정책 토론에서 배진석(2012)은 2012년 7월 출범한 진흥원의 정책 과제를 이렇게 제시했다. 출판 수요 창출 및 유통 선진화, 우수 콘텐츠 제작 활성화, 출판문화산업의 지속 성장 인프라 확충, 전자 출판 및 신성장 동력 육성, 글로벌 출판한류 확산 등이다.

그 다음, 진흥원 출범 2년 후에 개최한 정책 토론에서 한주리

(2014)는 정부의 출판 정책과 진흥원의 사업을 평가하고 다음 사항을 정부 출판 정책의 발전 방향으로 제시했다. 첫째, 출판유통 구조 개선과 같은 출판 생태계의 구축, 둘째, 도서관 인프라 구축 및 국민 독서환경 구축, 셋째, 출판의 기본적인 토대로서 출판 산업의 기초 통계 및 출판 인재 양성, 넷째, 주기적인 정책 평가, 다섯째, 법제도나 정책 마련 시 충분한 조사 및 출판계 의견 반영 등이다.

③ 출판 비평과 언론 보도

출판 비평과 언론 보도는 중요한 문제이지만 그동안 학계에서는 별로 관심을 기울이지 않았고, 그에 대한 분석 평가도 거의 이루어지지 않았다. 이 문제에 대한 토론회가 한국출판학회 주관으로 출판 평론가와 언론인의 참여 속에서 두 차례 진행된 바 있다. 처음 정책 토론에서 언론인 구본준(2011)은 출판 평론의 현실을 살펴본 다음, 서평 문화 활성화를 과제로 다음 세 가지를 제안했다. 첫째, 서평 자체를 학문 행위로 인식해야 한다. 책을 다르게 읽음으로써 해석의 차이가 생기고, 이런 차이는 상상력을 넓혀 최종적으로 학문을 넓히는 효과를 만들어낸다. 둘째, 침묵의 카르텔을 깨고, 서평을 통해 학문적 논쟁이 활발하게 이루어져야 한다. 셋째, 이제는 신랄한 서평을 시도해야 한다.

그 다음 정책 토론에서 출판 평론가 표정훈(2013)은 출판에 관한 언론 보도는 책 소식과 서평 기능을 조화시켜야 한다고 주장한다. 즉 사회적 가치가 큰 책의 경우 몇 주가 걸리더라도 책 내용을 충분히 이해하고 심층적인 서평을 작성해야 한다는 것이다. 이것은 뉴스가 아니라 비평이기 때문이다. 또한 언론은 책 내용에 대한 소개 · 비평의 역할 못지않게 우리 사회의 출판 · 독서 생태계 전반의 문제점을 진단하고 여론을 점검하며 대안을 제시하는 의제 설정 역할에도 관심을 기울일 필요가 있다고 주장한다.

언론인 김범수(2013)는 토론에서 한국 신문은 책조차 속보 경쟁에 매달리고 있다고 지적하며, 전문 출판평론가의 역할이 중요하다고 말한다. 또한 신문사들이 운영하는 인터넷 매체가 현 종이 신문 시스템에 얽매이지 않는 서평 기사를 게재할 기회를 열어 주고 있다고 하며, 북 리뷰 전문 페이지의 가능성을 보여 준다고 전망한다.

출판인 권혁재(2013)는 학계에 큰 영향을 끼친 중요한 서적은 출간일자에 관계없이 언론에서 지속적으로 소개해 주고, 언론에서 명저를 소개하는 기회가 많아야 저자와 출판사도 더욱 좋은 책을 내려 할 것이라고 주장한다.

언론인 신지영(2013)은 사람들의 관심을 책으로 돌리기 위한 긍정적인 이슈를 만들어내는 일에 출판계가 앞장서야 한다고 제안한다. 그리고 출판계 위기에 언론 역시 책임이 있는데, 이것은 사람들이 책을 보지 않는다 해서 책에 대한 보도마저 소홀히 여긴 책임이라고 주장한다.

④ 출판 경쟁력

출판 산업의 불황이 심해지고 있는 현재, 출판 산업과 출판사의 경쟁력을 강화하는 방안이 시급한 과제가 되고 있다. 출판 경쟁력을 주제로 한 정책토론 라운드 테이블에서 박익순(2015)은 출판 산업이 매체 환경의 급속한 변화로 인하여 경쟁력을 잃고 있다고 지적하면서, 경쟁력을 높이는 방향으로 다음 세 가지를 제시한다. 첫째, 글로벌 스탠더드에 맞게 시스템을 바꾸어서 출판 산업의 취약한 경쟁 요인을 강화할 것, 둘째, 출판 산업 내부에 독특한 자원과 능력을 개발할 것, 셋째, 출판 산업이 지닌 다양한 특성들(정보 산업, 지식 기반 산업, 문화 산업, 콘텐츠 산업, 원천 콘텐츠 산업, 핵심 저작권 산업 등)을 활용하여 출판 산업의 범주를 확대해 나갈 것 등이다.

노병성(2015)은 출판사의 새로운 경쟁력을 창발 능력이라고 파악하고 그 능력을 다섯 가지로 제시한다. 첫째, 매체 진화와 산업 진화에 적절하게 대응하는 진화 능력이다. 둘째, 사용자 참여를 유도하는 매개 능력인데, 전통 매체나 모바일 등의 방법을 통하여 독자들을 출판 세계로 유도하는 능력이다. 셋째, 저자, 독자, 컨텍스트를 연결시키는 관계 창출 능력이다. 넷째, 상호 협력할 수 있는 능력이다. 다섯째, 다양한 콘텐츠를 수집하고 개개의 독자 취향에 맞게 가공하는 능력이다. 즉 여러 정보를 수집 · 선별하고 이에 새로운 가치를 부여해 전파하는 능력이다.

⑤ 출판 통계

출판 정책의 수립에 출판 통계는 필수적이다, 그러나 아직 출판 통계가 제대로 자리 잡지 못한 현실에서 김경일(2011)은 한국 출판 산업 통계의 문제점을 살피고 출판 통계가 가야 할 바람직한 방향을 다음과 같이 제시한다.

첫째, 명확한 모집단을 규정할 필요가 있다. 둘째, 생산 통계와 소비 통계가 혼재되지 않도록 통계적 구분을 명확히 하되, 두 통계가 동일 선상에서 비교 가능하도록 진행한다. 셋째, 원자료의 신뢰

성이 담보되어야 한다. 특히 적합한 설문 디자인이 필요하다. 넷째, 적절한 통계 방법론의 탐색이 필요하고 이를 실제 통계에 적용할 필요가 있다. 다섯째, 창의적이고 혁신적인 통계 시스템을 구축해야 하고 이를 위해 충분한 연구가 필요하다. 여섯째, 통계 시스템이 구축되기 전까지의 가장 적절한 출판 통계의 방법은 생산 통계나 소비 통계에 있어서 전수 조사를 하는 방법이다.

이러한 출판 통계로서 출판사에 대한 전수 조사가 진행되어 출판산업 실태조사 보고서가 2014년, 2015년 두 차례 나온 바 있다. 선구적으로 행했던 김경일(2011)은 적절한 연구 발표였다고 할 수 있다.

⑥ 전자책

전자책은 아직도 논의가 끝나지 않은 이슈이다. 구모니카(2012)는 전자책 정착을 위하여 책, 독서, 출판의 재개념화를 주장하며 다음과 같이 역설한다.

"인간 본위의 일상적 산문적 글쓰기를 반영한 전자책, 다양성과 개성이 숨쉬는 전자책, 오감과 인터렉션으로 펼쳐지는 전자책은 모든 매체를 융합하여 책이라는 미디어의 르네상스 시대를 열 것으로 보인다. … 전자책은 인류에게 지식과 정보의 효율적 접근과 효과적 습득을 가능케 할 것이다. 책이 더 이상 예전의 책이 아니면서, 책은 반드시 기존 책의 역할을 이어가야 하는 변혁의 시대, 새로운 출판문화, 읽기/쓰기 문화가 우리 눈앞에 펼쳐지고 있다. 우리는 더욱 진지한 자세와 인문학적 성찰로 디지털 시대의 읽기/쓰기에 대해 고민해야 할 것이다."

⑦ 다문화 출판

한국은 이미 오래 전에 다문화 사회로 진입했지만, 출판학계에서 이에 대한 관심은 이제 시작 단계이다. 장인실(2013)은 다문화 교육 관련 출판의 방향을 이렇게 제시한다. 첫째, 다문화 가정을 배려의 대상이라는 관점에서 다문화의 강점을 부각하고 한국을 발전시킬 수 있는 글로벌 인재의 산실이라는 인식으로 전환시키는 도서들의 출간이 필요하다. 둘째, 다양한 나라의 관점을 볼 수 있는 저서들이 출판되어야 한다. 아울러, 다양성을 인정하는 교육을 해야 한다. 이런 교육은 다문화를 이해하게 하는 데 그치지 않고 한국인의 창의성을 높이는 데에도 기여하게 될 것이다. 셋째, 문화적 평등을 강조하는 방향으로 책 내용을 기술해야 한다. 넷째, 자아 정체감이 높은 사람이 다문화 인식도 높은 것으로 나타나므로, 한국인으로서의 우수성을 느낄 수 있는 저서도 출판되어야 한다.

현재 작가 겸 영화감독으로 활동하고 있는 방글라데시계 한국인 마붑 알엄(2013)은 토론자로 참석하여 출판사에 다음 사항을 제안한다. 첫째, 다문화 관련 도서를 출판할 때, 아동용 서적만이 아니라 다양한 연령층이 읽을 수 있는 책이 출판되어야 한다. 둘째, 다문화 출판사 내에 실제 다문화를 잘 아는 사람이 있으면 좋겠다.

박찬익(2013)은 향후 다문화 도서에 대한 수요가 증가하고, 보다 더 다양하고 질적으로 우수한 도서가 개발되리라 전망하고 이렇게 제안한다. “최근 한국다문화교육학회, 전국다문화학회, 다문화건강학회 등 다문화를 연구하는 연구 기관과 다문화 활동을 하는 자생단체가 활발한 움직임을 보이는데, 이들이 더욱 발전할 수 있도록 지원을 아끼지 않았으면 한다. 또한, 어려운 출판 환경에서 양질의 다문화 책을 기획하는 뜻 있는 출판사들에게도 적극적인 관심과 지원을 바란다.”

다문화 출판 연구는 현재 이슈가 되고 있는 다문화 문제의 해결에 기여할 뿐만 아니라 우리 출판문화를 풍성하게 하는 데 큰 도움이 될 것이다.

2. 한국출판학회의 특성과 외부 여건

(1) 한국출판학회의 특성

① 긍정적 측면

긍정적 측면으로 볼 수 있는 한국출판학회의 특성은 우선, 우리 현실에 뿌리를 둔 학회의 전통에서 찾을 수 있다.

한국출판학회는 우리의 출판문화를 발전시켜야 한다는 사명감과 문화 의식이 투철했던 출판계 실무자들에 의해서 시작되었다. 이 초창기 선구자들은 출판학의 정립을 통하여 낙후된 출판을 발전시켜야 한다는 의지를 학회 활동으로 집약시켰다. 말하자면 우리 현실 극복을 위한 학문의 토착화 또는 한국화라고 할 수 있겠다.

“대부분의 학문들은 우리 현실에 뿌리를 두고 우리의 문제를 학문적으로 해결하기 위해서 발생한 것이 아니라, 외국의 이론을 먼저 수입하고 그 이론에 맞추어 우리 현실을 해석하는 경향이 강했다. 때문에 그것이 우리의 현실과 잘 들어맞는 경우도 있지만, 현실과 이론이 각각 따로 노는 경우가 비일비재했다.”(부길만, 2014, pp.203~204). 그러나 출판학은 한국적 토양에서 우리의 현실 진단과 올바른 대안 및 방향 제시를 위한 학문을 해왔다. 이러한 학문적 상황을 고려할 때, 한국출판학회가 우리의 학문으로서 출판학을 탄생시키고 정립시켜온 점은 높이 평가받아야 할 것이다.

두 번째 특성은 한국출판학회가 국제화에 선구적으로 나서고 있다는 점이다.

한국출판학회에서는 초창기부터 출판학의 국제화에 관심을 기울였다. 학회가 창립된 1969년 무렵은 한국은 물론 전 세계적으로 출판학에 대한 연구는커녕 출판학이라는 용어조차 낯설던 때였다. 마침 일본에서도 이 시기에 출판학회가 출범하였다.[16] 이것은 한일 양국의 연구자가 서로 의논하여 나온 것은 아니었지만, 두 학회는 서로 교류하며 현재까지도 그 관계를 유지하고 있다. 일본출판학회 회장을 지낸 시미즈 히데오(清水英夫)는 이런 관계를 가능케 만들어 준 인도자가 바로 한국출판학회 창립의 주역인 안춘근이라고 술회한 바 있다(清水英夫, 1997). 한국출판학회 초대 회장 안춘근은 자신의 저서를 일본에서 펴내고 일본출판학회의 기관지에 일본어 논문을 기고하기도 하였다.[17] 이후 일본뿐만 아니라 한국과 수교도 맺지 못하고 있던 중국과도 학문적 교류를 성사시켰다. 특히 안춘근의 제안과 한국출판학회의 주도로 1984년 국제출판학술회의가 정식으로 발족되면서 출판학의 국제화가 정착되어 갔다. 이 출판학술회의는 현재까지도 이어져 2014년 제16회 학술회의를 서울에서

16) 한국에서는 '한국출판연구회'가 1969년 3월 17일 시작되었고, 일본에서도 같은 해 3월 14일 일본출판학회가 창립되었다. 한국출판연구회는 한국출판학회로 명칭을 바꾸어 1969년 6월 22일 창립총회를 열었다.

17) 안춘근은 한국에서 1972년 나온 『韓國佛教書誌考』(성진문화사)를 같은 제목으로 1978년 동경의 同朋社에서 일어판으로 펴냈고, 1981년 일본출판학회 기관지 《出版研究》 12호에 "한국 출판의 현상"이라는 제목의 일본어 논문을 기고한 바 있다.

주최한 바 있다.

또한, 중국은 최근 출판 산업이 크게 신장하는 가운데 독서 진흥을 국가적 과제로 추진하며 출판 교육과 출판학 연구가 활발하게 일어나고 있어서, 한국출판학회에서는 중국과는 별도로 국제 학술 교류를 하고 있다. 1995년 한국출판학회 주도로 시작한 한중출판학술회의는 2004년 이전까지 격년제로 실시하다가 2005년부터 한중 양국이 해마다 번갈아 주최하고 있다.

이처럼 한국출판학회가 초창기부터 현재까지 국제화에 적극적으로 나섰기 때문에, 이제는 국제화가 제도적으로 정착된 단계라 할 수 있다.

세 번째 특성은 한국출판학회가 현재도 연구를 계속 이어가는 연륜 있는 다수의 학자들을 품고 있다는 점이다. 학회가 창립된 1969년 이래 많은 출판학 연구자들이 등장하였고, 특히 언론대학원 석사 과정에 출판학 전공이 개설된 이래 다수의 연구자들이 매해 꾸준히 나오고 있다. 이들은 출판산업계 현장에서 활동하면서도 연구를 소홀히 하지 않아 학술지에 논문을 발표하거나 저술 작업에 나서고 있다. 또한, 대학이나 연구소에 근무하며 연구·저술 활동을 하는 연구자들도 많이 있다. 한국출판학회의 회원들은 은퇴한 뒤에도 현직에 있을 때와 다름없이 학회 활동에 참여하거나 연구·저술 작업을 이어가고 있다.

네 번째 특성은 학회 활동과 학술연구 장려를 위한 재정 기반이 마련되고 있는 점이다. 한국출판학회는 학회의 지속적인 발전과 연구 활성화를 위하여 2015년부터 학회 기금 모금 운동을 실시하여 최근 상당한 성과를 이룬 것으로 나타났다. 학회 기금은 세 종류로 첫째, 학회 발전 기금, 둘째, 한국출판학회상 기금, 셋째, 남애 안춘근 기념 출판문화상(남애 출판문화상) 기금 등이다.

한국출판학회상 제도는 한국출판학회에서 1972년부터 시행한 것으로 시상 내용은 저술 · 연구 부분, 기획 · 편집 부문, 경영 · 영업 부문, 특별 공로 부문 등으로 나누어져 있다. 기금 마련으로 소정의 상금도 줄 수 있게 됨으로써 한국출판학회상의 실질적인 위상 강화와 함께 연구자들에게 소중한 자극제 역할을 하게 되었다.

남애 출판문화상은 '남애 안춘근 선생 기념 사업회'에서 주관해 왔으나 한동안 활동이 정지되어 있었다. 2015년부터 한국출판학회에서 '남애 안춘근 선생 기념 사업회'를 인수하여 운영하고 있는데, 이번의 기금 확보로 인하여 남애 출판문화상도 한국출판학회 주관으로 새롭고 안정적으로 전개할 수 있게 된 것이다. 또한, 학회 발전 기금의 확보로 인하여 학회가 장기적으로 성장할 수 있는 동력을 얻게 되었다. 이는 매우 고무적인 현상이며 신진 연구자의 확보에도 유리한 여건이 조성되었다고 할 수 있다.

이러한 기금 모금이 성과를 거두고 있는 배경은, 학회 사업과 연구에 적극적인 회원들을 다수 확보하고 있기 때문인 것으로 보인다. 즉 이들은 연구에 매진함과 동시에 학회 발전과 신진 연구자들의 지원을 위한 기금 조성에도 십시일반의 정신으로 적극 동참한 것이다.

다섯 번째 특성은 연구 성과물의 발표와 출판이 용이하다는 점이다.

학술 연구에서 연구 결과를 논문이나 저작물로 발표하거나 출판하는 행위는 매우 중요하다. 왜냐하면 발표나 출판으로 연결되지 못하는 연구 성과는 가치를 인정받을 수 없기 때문이다. 한국출판학회에서는 현재 1년에 수차례 학회지를 발행하고 있을 뿐만 아니라, 학술 세미나를 수시로 개최하며 많은 발표 기회를 주고 있다. 이것은 출판학 연구자들에게 매우 고무적인 일이다. 더욱이 한국출판학회는 출판 담당자 또는 출판을 잘 아는 연구자들이 주축이 된 학회이기 때문에, 회원들은 연구 성과물을 출판으로 연결하는 일을 비교적 쉽게 하고 있다.

한국출판학회의 이러한 활동과 여건은 학술 연구에서 매우 긍정적인 면이라 할 수 있다.

② 부정적 측면

부정적 측면으로 볼 수 있는 한국출판학회의 문제점은 신진 연구자들의 비중이 크지 않다는 점이다.

학회는 신진 연구자들이 줄기차게 모여들어 자신들의 연구 성과를 발표하고 열띤 토론을 하면서 새로운 이론이나 학설을 분출하는 연구 공동체여야 한다. 또한, 시대정신을 먼저 읽어 산업계의 나아갈 방향을 제시하며 정부 정책을 비판하고 합리적인 대안을 마련할 수 있어야 한다. 이를 위해서는 끊임없는 연구가 필요하고 신진 연구자들을 지속적으로 받아들일 수 있어야 한다. 학회는 기존의 연륜 있는 연구자들과 이러한 신진 연구자들이 함께 어우러져야 지속적인 발전을 이룩할 수 있다. 이런 점에서 학회에 신진 연구자들이 크게 늘어나지 않는 현상은 약점이라 하겠다.

이러한 신진 연구자의 부족 현상은 향후 출판학의 위상을 높이는 데 장애가 될 뿐만 아니라 학회 차원에서 폭넓은 연구를 하는 데에도 걸림돌이 될 수 있다. 출판학은 종합 학문으로서의 특성을 지니고 있기 때문에 문학, 사학, 철학, 언론학, 문헌정보학, 공학, 미학, 법학, 경제 · 경영학, 교육학, 사회학 등 다양한 학문 분야를 배경으로 폭넓고 깊이 있는 연구가 가능한 학문이다. 그러나 아직 한국출판학회의 구성과 역량은 이와 같은 학문 연구를 이끌기에 부족한 실정이라 할 수 있다.

(2) 외부 여건

① 불리한 여건

㉠ 대학 출판 전공의 위축

한국출판학회 발전을 어렵게 하는 외부 여건으로는 무엇보다도 대학에서 출판 전공들이 점점 사라지고 있는 현상을 들 수 있을 것이다.

대학의 경우 90년대에는 출판 또는 편집 관련 학과가 전국에 걸쳐 개설되고 운영되었지만, 2016년 현재 대부분 사라지거나 학과명이 변경되었다. 이로 인하여 출판 교육을 본격적으로 할 수 있는 대학이 급격하게 줄어들었다. 언론대학원의 석사 과정에 개설된 출판학 전공 과정도 현재 줄어든 상황이다. 이에 따라 출판학 연구가 위축되고 한국출판학회의 발전에도 불리한 여건으로 작용하게 되었다. 이러한 현상은 현재의 교육 정책과 대다수 대학의 인문학 경시 분위기와 맞물리는 것으로 당분간 지속될 것으로 보인다.

㉡ 출판 산업의 정체 현상

한국 출판산업이 예전처럼 확장 발전되지 못하고 있는 점도 문제가 아닐 수 없다. 최근 출판 통계에 의하면 발행 종수와 발행 부수 모두 정체 현상을 보이고 있으며, 서점 수는 오히려 줄어들고 있는 추세이며 대형 서점의 도서 매출액도 늘어나지 않고 있다. 물론 현재는 출판 시장만이 아니라 거의 모든 분야의 경기가 위축되고 있는 상태이기는 하지만, 독서 인구가 늘어나지 않고 있어 출판 산업의 전망을 낙관적으로 보기 어렵게 만들고 있다. 이러한 현상 역시 출판학 연구의 활성화와 한국출판학회의 발전에 불리한 여건이 아닐 수 없다.

② 유리한 여건

㉠ 출판산업 진흥 정책의 수립 · 시행

출판 산업은 정체 상태이지만, 출판산업 진흥을 위한 정부의 관심이 높아지고 관련 예산도 점진적으로나마 늘어나고 있는 추세이다. 이것은 출판학 연구와 학회의 미래를 긍정적으로 전망하게 하는 유리한 점이라 할 수 있다.

정부의 출판 정책이 규제에서 진흥으로 본격적으로 전환한 것은 문민정부가 들어서고 '책의 해' 행사가 시작된 1993년 이후로 볼 수 있다. 그 이후 출판 진흥을 위한 정책들이 지속적으로 수립 · 시행되었지만, 출판 진흥 정책이 법적 · 제도적으로 뿌리를 내린 것은 2002년 출판 및 인쇄진흥법이 제정된 때라고 할 수 있다. 이 법은 2007년 출판문화산업진흥법으로 바뀌었고, 2012년

7월에는 이 법에 따라 출판 진흥 업무를 담당할 법정 기구인 한국출판문화산업진흥원이 설립되어 현재까지 활동하고 있다.

출판문화산업진흥법에서 중요한 것은 문화체육관광부 장관이 출판문화산업의 진흥에 필요한 기본 계획을 5년마다 수립 · 시행해야 한다는 점이다. 출판 진흥을 위한 기본 계획에는 양서 출판 지원, 출판유통 현대화 지원, 국제교류 협력 지원 등 다양한 내용이 있는데 '전문인력 양성의 지원'을 맨 앞에 밝혀 놓았다. 또한, 출판 진흥계획의 수립 시에는 출판 관련 단체의 의견을 들어야 한다고 규정하고 있다. 모두 출판학 연구 및 한국출판학회 발전에 유리하게 작용할 수 있는 내용들이라 할 수 있다.

정부에서도 문화 융성을 주요 정책 과제로 제시한 바 있다. 이것이 실속 있는 정책으로 실천되지 못하고 선언에 그쳐 버린 인상을 지울 수 없지만, 어느 정부이든 문화 향상에 대한 정책을 미래의 국가 주요 정책 과제로 내세우지 않을 수 없을 것이다. 왜냐하면 문화산업 발달은 국가 경쟁력의 강화와 밀접한 관계를 맺을 것이기 때문이다. 21세기에는 문화 산업의 핵심인 출판 산업의 발전이 정부 정책의 주요 과제로 등장하지 않을 수 없을 것이다.

㉡ 국민들의 문화 선호 의식

출판학 연구와 학회 발전에 유리하게 작용할 수 있는 두 번째 여건은 국민들의 문화 선호 의식을 들 수 있다. 그 문화 의식은 전쟁 중의 팔만대장경 조성, 금속활자 발명, 한글의 창제 등으로 드러난 바 있다. 1980년대에 도서 발행량에서 세계 10위 안에 드는 출판문화 대국으로 발전한 것도 민족의 문화적 저력이 드러난 것이라고 할 수 있다. 최근 한국의 출판사 수는 5만 2,734개사이고 출판 매출 실적이 있는 출판사가 3,614개사(전자책출판사 531개사 포함)로 조사되었다(한국출판문화산업진흥원, 2015). 다시 말하면 90퍼센트를 넘는 출판사가 매출 실적이 없다는 의미이다. 이것은 출판 산업의 영세성을 드러내는 행위라고 비난할 수도 있는 현상이지만, 동시에 책을 내고 싶어 하는 한국인들의 문화적 욕구를 반영하는 일이기도 할 것이다. 불황이라고는 하지만, 출판사 등록이 해마다 늘어나고 있는 것으로 보아 문화적 욕구는 앞으로도 줄어들지 않을 것으로 전망된다.

이러한 문화적 욕구 내지 문화 선호 사상은 출판 산업에는 물론 출판학 연구와 한국출판학회의 확장에도 긍정적으로 작용할 수 있을 것으로 보인다.

ⓒ 지역 도서관의 확대와 독서 진흥 활성화

현재 국민의 독서량이나 독서 인구는 늘어나지 않고 있지만, 지방 자치 단체에서 운영하고 있는 공공 도서관은 증가하고 독서 관련 강좌도 늘어나고 있다.

몇 가지 사례만 살펴보자. 군포시 등 일부 지방 자치 단체에서는 독서 운동을 본격적으로 전개하여 전국 독서 운동의 모범이 되고 있다. 인천시는 유네스코 '2015 세계 책의 수도'로 지정되어 2015년 4월 23일부터 2016년 4월 22일까지 다양한 사업을 전개했다. 'BOOKS FOR ALL, 책으로 하나 되는 세상'을 비전으로 정하고 '책 읽는 도시, 창작 출판이 편한 도시, 인문적 가치를 창조하는 도시'를 목표로 다양한 사업을 추진한 바 있다. 서울 관악구에서는 주민들을 대상으로 자서전 쓰기 운동을 전개하기도 했다. 이와 같은 지방 자치 단체의 활동 외에 민간 시민단체에서도 다양한 독서 운동을 활발하게 벌이고 있다.

이처럼 출판과 독서 진흥을 위하여 다양한 사업들이 전개되고 있는 것은 출판학 연구자들에게 자극이 되고 학회의 발전에도 기여하게 될 것이다.

2-3 한국출판학회의 전망과 과제

한국출판학회의 전망과 과제를 다음 세 가지 측면으로 나누어 살펴보고자 한다. 첫째, 외부적 여건에 해당되는 제도 · 정책적 사항, 둘째, 학회의 활동, 셋째, 출판학 연구의 관점이라는 측면이다.

1. 제도 · 정책적 측면

현재 한국출판학회를 둘러싼 제도적 여건 중에 불리한 점은 앞에서 언급한 대학과 대학원에서의 출판 관련 전공의 위축 현상이다. 이러한 대학 분위기 속에서 가까운 장래에 출판학 관련 전공의 개설과 운영이 예전처럼 활성화되기를 기대하기는 어려울 것이다. 그렇다고 상황만 달라지기를 기다릴 수는 없으며 대안을 찾아야 한다. 그 대안으로 출판전문대학원대학의 설립을 제시한다. 이것은 출판학과 출판산업 발전을 위하여 학계와 산업계가 추진해야 할 가장 시급한 주요 과제이다. 아울러, 4년제 대학에 출판학 전공 학과를 개설하고 인접 학문의 커리큘럼에서 출판 전공을 개설하는 일을 병행해야 할 것이다.

(1) 출판전문대학원대학의 설립 추진

현재 상황에서 출판학을 발전시킬 수 있는 현실적 대안은 출판전문대학원대학(이하 출판 대학원)의 설립이다. 이것은 문화 체육 관광부의 출판 진흥 5개년 계획에서 정책 과제의 하나로 이미 제시된 바 있다. 또한 성사되지 않았지만, 출판문화 단지가 있는 파주 지역에서 출판 대학원 설립이 시도된 바 있다. 출판 산업계와 출판학계가 힘을 합쳐 추진한다면 충분히 가능할 것으로 전망된다. 구체적인 계획을 간략하게 제시한다.

출판 대학원에서 개설해야 할 기본적인 전공 과정은 다음 세 가지로 한다. 첫째, 국제출판학 전공, 둘째, 만화 전공, 셋째, 독서 지도 전공이다.

첫째, 국제출판학 전공은 출판학 교육과 함께 출판물의 해외 수출을 위한 기획, 홍보, 마케팅 전문가를 양성하는 과정이다. 출판물에는 서적, 잡지는 물론이고 인쇄물도 포함된다. 현재 우리 출판물의 내용과 편집 · 디자인 및 인쇄 장정은 해외 선진국의 수준을 능가하는 것이 많지만, 외국에는 거의 알려져 있지 않다.

출판 수출을 위한 정부의 정책적 관심과 지원이 있어야 하겠지만, 동시에 출판 수출을 위한 전문가의 양성이 절실히 필요하다. 한국은 지난 수십 년간 수출 주도형 산업을 통하여 놀라운 경제 성장을 이루어냈다. 그러나 출판 분야는 현재까지도 극심한 무역 역조를 보이고 있다. 이것은 문화 한류가 세계 시장으로 뻗어가기 시작한 흐름과도 배치된다. 출판 수출이 활발해질 때 한국은 진정한 문화 선진국이 될 수 있다고 생각한다. 이것이 바로 국제 출판 전문가를 양성해야 하는 이유이다.

둘째, 만화 전공은 일반 만화, 웹툰, 애니메이션을 포함한다. 이 분야는 최근 각광받고 있는 분야이며 한국이 국제적으로 인정받기 시작한 분야이다. 이 분야를 전공하려는 젊은이들이 경쟁적으로 나오고 있기 때문에, 이들을 위한 심화 학습과 함께 국제적 감각과 안목을 지닌 전문가 양성 과정이 필요할 것이다.

셋째, 독서 전공은 독서 지도 또는 독서 교육을 담당할 인재를 육성하기 위한 과정이다. 독서 지도는 초 · 중 · 고교의 교육에서뿐만 아니라 유아 교육이나 아동 복지 등의 전공에서도 중요하게 다루어야 할 분야이다. 또한 독서 교육은 문헌정보학 전공 등과 연계해서 실시할 수 있을 것이다. 도서관 사서와 사서 희망자들에게 독서 교육을 실시하여 각종 도서관을 독서 생활화의 교육장으로 만들 수 있게 해야 한다. 유치원, 어린이집 등에서 근무하는 교사 또는 교사 희망자들에게도 독서 지도 교육을 실시하여 유아기부터 독서의 생활화를 이끌 수 있는 교육 과정을 개설해야 한다.

출판 대학원의 설립은 출판 산업계가 주축이 되어 연합체 형태의 사립으로 하거나, 국립 또는 도립이나 시립 대학원의 방식을 택할 수도 있다. 장기적인 관점에서는 사립보다 공립의 형태가 유리할 것이다. 우선, 문화 체육 관광부 주관으로 하여 국립 대학원의 형태를 취할 수 있을 것이다. 그리고 경기도 파주 출판단지의 입지를 살려 경기도 도립 대학원으로 할 수 있고, 서울시에서 운영하는 도서관과 연계하여 시립 대학원으로 하는 방식도 있다. 어느 방식을 택하든 출판 산업계의 전폭적인 지원이 필요하다. 그 지원 방식은 산학 협동과 함께 전공 학생들에 대한 전적인 장학금 지원 및 석좌 교수 초빙 지원, 해외 교류 지원 등이 있을 것이다.

(2) 출판 관련 전공의 개설 확대

4년제 대학에 출판학 전공 학과를 개설하는 작업에 대한 관심은 놓지 말아야 한다. 학과 개설이 가까운 장래에 어렵다고 하여 포기할 수 없는 일이기 때문이다. 이와 아울러, 인접 학문의 커리큘럼에서 출판 전공 교과목을 계속 유지하게 할 뿐만 아니라 늘려 나가야 할 것이다. 현재 대학과 대학원의 출판학과 외에 일부 언론학과나 문헌정보학과에 출판 관련 교과목이 개설되어 있으나 매우 미흡한 실정이다. 언론학이나 문헌정보학은 물론이고 국문학, 문예창작학, 인쇄학, 공학, 디자인학, 경영학 등등 다양한 학문군에 출판 전공이 개설되도록 힘써야 한다. 출판 전공 교과목에 대한 강의가 많아지게 되면 강의 요원은 물론 연구자도 늘어날 것이기 때문이다. 이 일을 위하여 한국출판학회는 출판 산업계와 함께 적극 나서야 한다.

2. 학회 활동적 측면

학회 활동에서 적극적으로 추진해야 할 사항은 첫째, 신진 연구자의 지속적 확보, 둘째, 산학 협동 강화, 셋째, 국제화의 확대, 넷째, 연구 분과 활동의 강화이다.

(1) 신진 연구자의 지속적 확보

신진 연구자의 확보 문제는 앞에서 언급했듯이, 한국출판학회의 약점이라 할 수 있다. 최근 학회 신입 회원으로 참여하는 출판 관련 연구자들은 소수이지만, 출판 관련 연구는 다른 학문 분야에서 논문이나 단행본 형태로 계속 나오고 있다. 언론학이나 문헌정보학 같은 인접 학문의 전공에서뿐만 아니라 어문학, 역사학, 경영학, 미학, 공학 등의 분야에서도 출판 관련 연구물이 다수 나오고 있다. 이것은 출판이 종합 학문이라는 점, 그리고 출판 행위 자체가 인문 사회 과학은 물론이고 미술, 공학 등 보다 폭넓은 분야의 대상이 되기 때문일 것이다. 따라서 신진 연구자들이 참여할 수 있는 출판학 공간은 매우 넓다고 할 수 있다. 학회가 새로운 연구자들을 적극적으로 받아들여 학회를 발전시키고 연구의 외연을 넓혀 나가야 할 것이다.

(2) 산학 협동의 강화

한국출판학회는 초창기부터 출판 실무자들이 참여했고 출판의 과학화 · 현대화를 내세우며 출판 산업의 발전에 큰 관심을 기울였기 때문에, 산학 협동은 비교적 원활하게 이루어져 온 것으로 파악된다. 한국출판학회 성격에 적합한 산학 협동은 출판 발전을 위한 다양한 연구 과제의 수행이라 할 수 있는데, 현재 상당한 실적을 보이고 있다.

구체적으로 살피면, 한국출판문화진흥재단 연구 과제인 〈한국출판산업사〉 연구(연구 책임 이정춘) 사업을 완료하여 2012년 같은 제목의 단행본으로 출간하였고(한국출판학회 엮음, 2012), 한국출판문화산업진흥원의 연구 과제 〈2012년 문화체육관광부 우수도서 선정 지원 사업 평가 및 개선 방안 연구〉(연구 책임 남석순) 사업을 맡아 2013년 2월 21일 공청회를 거쳐 2013년 5월 완료하였으며, 대한출판문화협회 연구 과제 〈공공기관의 상업출판 실태와 문제점 및 대책 연구〉(연구 책임 부길만) 사업을 맡아 그 결과를 2015년 4월 출판 협회에 제출하였다. 또한, 서울도서관의 연구 과제 〈'책 읽는 도시 서울'을 위한 책문화 공간 조성 실태조사〉(연구 책임 윤세민) 사업을 한국서점조합연합회와 공동으로 수주하여 2015년 9월 완료함으로써 서울시의 독서문화 진흥 사업에 기여하였다. 같은 해 사업으로 한국출판문화산업진흥원 연구 과제 〈출판교육과 출판인력 양성 활성화 방안 연구〉(연구 책임 윤세민) 사업을 맡아 2015년 12월 완료한 바 있다. 2016년 문화체육관광부 연구 과제 〈출판문화산업 진흥 5개년 계획(2017~2021) 수립을 위한 조사연구〉(연구 책임 윤세민) 사업을 진행 중이다.

최근 출판 산업계가 예전과 같은 지속 성장에 대해 확고한 비전을 내놓지 못하고 있는 상황에서 한국출판학회의 이러한 연구 과제 참여는 앞으로도 더욱 적극적으로 이루어져야 할 것이다. 다시 말하면, 한국출판학회는 출판 산업의 실태, 출판계를 둘러싸고 있는 환경, 출판 위기 극복을 위한 정부의 출판 진흥 정책, 독서 진흥 등 다양한 문제들을 조사 연구하여 출판 산업의 발전 방안을 제시해야 할 의무가 있다. 지금이야말로 산학 협동이 강조되어야 할 시기이다. 출판 산업계에서도 출판 교육과 출판학 연구에 적극적인 관심과 성원을 보내 주어야 할 것이다.

(3) 국제화의 확대

전통적으로 국제화에 강한 한국출판학회의 특성을 더욱 살려야 한다. 국제화의 확대는 두 가지 측면에서 이루어져야 할 것이다. 첫째, 기존의 출판학 교류를 지속 · 강화하는 일이고, 둘째, 국제 출판학술 교류의 영역을 확장하는 일이다.

첫째, 국제화의 지속 · 강화 방안은 이미 2014년 10월 서울에서 한국출판학회 주최로 열린 국제출판학술회의에서 제시된 바 있다. 국제출판학술회의 발전 방안을 발표한 노병성은 사이버상의 국제출판학술회의 홈페이지 구축, 연구 영역의 확대와 참여 국가의 확장, 사이버 학술 저널의 창간 등을 주장했다. 일본출판학회 회장 시바타 마사오(芝田正夫)는 "한국과 일본의 출판에 대한 비교 연구를 적극적으로 추진하겠다"고 약속했다. 중국편집학회 명예 회장 구이시아오펑(桂晓风, Gui Xiao Feng)은 "국제출판학술회의가 일회성에 그치는 것이 아니라 지속적으로 발전할 수 있는 연계 방안을 구체적으로 모색하겠다"고 밝혔다. 그 연계 방안으로 한중 공동 연구 · 저술 및 출판이 논의된 바 있다.

최근 김승일은 한중일 삼국을 아우르는 '동아시아출판학회'의 결성을 제안한 바 있다. 이 또한, 한국출판학회가 주도적으로 나서서 추진해야 할 과제이다.

둘째, 출판 학술 교류의 영역 확장은 한국출판학회의 미래 과제가 되어야 할 것이다. 남석순(2014)은 국제출판학술회의의 설립과 영어판 국제출판 학술저널의 발행을 향후 과제로 제시한 바 있다. 현실적으로 우선, 국제학술회의 참여 국가를 확대하는 노력이 필요하다. 아시아 지역의 경우 한중일 외에도 홍콩, 대만, 말레이시아, 필리핀, 인도 등으로 다변화시켜야 할 것이다. 나아가 아시아 외에 유럽, 미주 지역의 학자들도 참여시킴으로써 출판학 연구를 보다 세계적인 시각에서 진행할 수 있을 것이다. 우선 예전에 국제출판학술회의에 참여했던 국가를 중심으로 섭외하고 점차 영역을 넓혀 나가야 한다.

연구 영역 또한 출판학 인접 분야로까지 확장함으로써 출판학의 인접 학문의 학자들도 함께 참여하는 국제학술 공동체로 발전시켜 나갈 수 있을 것이다.

(4) 연구 분과 활동의 강화

한국출판학회에서는 연구 활동을 분과 중심으로 하고자 정관에 규정을 두고 있다. 학회의 연구를 폭넓고 깊이 있게 이어가기 위해서, 나아가 신진 연구자들을 효과적으로 받아들이기 위해서는 분과 연구 활동을 강화해야 한다.

현재 한국출판학회에는 12개의 연구 분과가 구성되어 있는데, 분과의 성격을 보면 크게 네 유형으로 나눌 수 있다. 첫 번째 유형은 출판에 관한 직접적인 연구를 담당하는 분과이다. 출판 정책 연구회, 출판저작권 연구회, 디지털 출판 연구회, 출판 유통 연구회, 출판 제작 연구회, 출판 디자인 연구회가 있다. 두 번째 유형으로, 출판과 깊이 관련된 분과인데 '출판과 독서 연구회'가 있다. 세 번째 유형은 다양한 출판물 중의 한 부분을 집중적으로 연구하는 분과인데, 교과서 출판 연구회가 있다. 네 번째 유형은 출판의 관점으로 사회와 문화를 관찰하고 문제점을 파악하여 대안을 제시하는 분과이다. 현재 한국출판학회 내에 4개 분과가 있다. 즉 출판의 관점으로 지역 사회와 지역 문화를 연구하려는 지역 출판 연구회, 다문화 문제를 독서와 출판으로 해결할 방법을 찾는 다문화 출판 연구회, 여성 문제를 출판을 통하여 연구하고 해결하려는 여성 출판 연구회, 고령화 시대 노인문제 해결을 위한 시니어 출판 연구회가 있다.

현재 다양한 연구 분과가 구성되어 있지만, 일부 연구 분과를 제외하고는 활발하게 움직이지 못하고 있다. 그러나 분과 활동의 강화는 한국출판학회가 미래를 향해 나아가야 할 과제이다. 현재 구성된 연구회 외에 새로 만들어야 할 분과나 연구해야 할 대상은 많이 남아 있다. 앞에서 나온 네 가지 유형에 따라 하나씩 검토해 보자.

첫 번째 유형으로는 출판 사상, 출판 윤리, 국제 출판, 출판 경영, 출판 교육, 출판 광고 등을 들 수 있는데 아직도 연구해야 할 대상이 많다.

두 번째 유형으로는 독서뿐만 아니라 한글과 출판의 관계, 저술 행위에 대한 출판 사회학적 고찰, 도서관과 출판사의 상생 협력, 서점의 활성화 등을 다룰 연구 분과가 있어야 할 것이다.

세 번째 유형으로는 큰 범주로서 일반 단행본과 구분 지은 교과서 외에도 만화 출판, 잡지 출판 등의 분야가 있다. 주제에 따른 특화로 기독교 출판물이나 불교 관련 도서 등을 집중적으로 연구할 종교 출판 연구회, 특수 분야 과학서적 분야를 다룰 연구회, 어학 사전 · 전문 사전 · 백과사전 등을 다룰 사전 출판 연구회 등이 있을 것이다. 또한 연령대로 구분하는 아동 도서, 청소년 도서, 유아 그림책 연구회 등이 있을 수 있다.

네 번째 유형에서는 최우선으로 새로 구성해야 할 연구회로, 출판의 관점으로 통일 시대를 준비하고 통일 이후를 대비하는 통일 출판 연구회를 제안한다. 그 외에 다양한 사회 현상이나 이슈 또는 역사 연구의 주제들을 출판의 관점으로 고찰하는 분과들이 가능할 것이다.

물론 이상과 같은 연구회의 구성이나 성과가 단기간에 이루어질 수는 없을 것이다. 장기적이고 지속적인 과제로 삼아 회원들의 연구와 관심의 폭을 넓히도록 해야 한다. 아울러, 다양한 전공 배경을 지닌 신진 연구자들을 확보하며 하나씩 이루어 나가야 할 과제이다.

3. 학문 연구적 측면

한국출판학회에서 수행해야 할 연구 영역은 그 범위가 방대하다. 출판학 연구의 영역은 이미 이종국(2000)이 분야별 연구 내용을 다음 11가지로 체계화한 바 있다.[18] 1. 출판 이론, 2. 저작권법 · 출판윤리, 3. 편집 · 제작론, 4. 교과서론, 5. 도서론, 6. 잡지론, 7. 전자 출판론, 8. 출판 경영 · 출판 산업론, 9. 출판 상황론, 10. 국제 출판론, 11. 독서 · 독자론 등이다.

그런데 이 글의 주제는 한국출판학회의 전망과 과제를 찾기 위한 것이므로 연구 활동의 측면에서 그동안 나온 연구 성과와 분과 활동 등을 고려하여 편의상 다음 7가지로 나누어 살펴보고자 한다. 첫째, 출판의 본질, 둘째, 출판 과정, 셋째, 출판을 둘러싼 환경, 넷째, 출판 주체, 다섯째, 출판 유관 분야, 여섯째, 출판의 관점으로 사회와 문화를 새롭게 바라보는 융합의 영역, 일곱째, 출판학 연구 자체에 관한 메타 연구이다.

첫째, 출판의 본질에 대한 연구는 다른 모든 학문의 본질과 마찬가지로, 철학과 역사에서 찾게 된다. 현재까지 출판 역사에 대한 연구는 다소 이루어져 왔지만, 출판의 철학이나 사상에 대한 연구는

---

18) 이종국(2000)의 출판학 분류 11가지의 세부 분야는 다음과 같다. 1. 출판이론 : 출판총론, 방법론, 출판교육론, 출판문화론, 출판역사론, 2. 저작권법 · 출판윤리 : 저작권, 출판법제 · 법규론, 번역, 출판의 자유, 3. 편집 · 제작론 : 기획, 편집, 교정 · 정서법, 출판미술, 편집디자인, 종이 · 인쇄, 4. 교과서론 : 교육매체론, 교과서편찬론, 교과서정책 · 세도론, 5. 도서론 : 저자 · 저술론, 서지 · 문헌론, 출판비평 · 시평론, 6. 잡지론 : 잡지일반, 잡지언론, 잡지역사, 사보론, 7. 전자출판론 : 전자출판일반, 컴퓨터와 출판매체, 첨단도서론, 뉴테크놀로지와 전자도서, 8. 출판경영 · 출판산업론 : 출판경영, 출판산업, 출판유통, 출판회계, 출판광고, 9. 출판상황론 : 출판경향, 출판과 사회 · 문화, 출판정책론, 지역출판론, 10. 국제출판론 : 국제출판, 국제출판비교, 출판의 국제협력, 11. 독서 · 독자론 : 독서이론, 독서환경, 독자론.

빈약한 실정이다. 연구 분과의 구성이 요구되는 분야이다. 적극적인 관심이 필요하다. 출판 역사에 대한 연구도 주로 우리나라에 집중되고 있어 세계적 차원이나 외국의 출판 역사에 대한 연구를 강화할 필요가 있다.

또한 출판의 개념과 패러다임의 변화, 디지털 시대 출판의 사회적 역할 등에 대한 연구도 출판 본질의 문제로서 출판 철학과 출판 역사 연구의 토대 위에서 더욱 심도 있게 행해져야 할 것이다.

둘째, 출판 과정에 대한 연구는 크게 출판 기획, 편집 · 제작, 출판 유통으로 나눌 수 있다. 출판 기획은 출판인의 철학이 드러나는 영역이다. 또한 출판 기획의 영역은 저술 행위 또는 저자의 영역과 겹쳐진다. 특히 저술 행위가 해당 분야나 학문의 성과로 그치지 않고 독자들의 호응을 얻고 사회적인 영향을 끼칠 경우, 그 저술 행위나 저작자에 대한 연구는 해당 학문의 연구 영역이기도 하지만, 출판사회학의 영역으로 삼아 연구해야 할 것이다.

그런데 저작자의 저술 행위가 다방면에 걸쳐 있을 때 개별 학문 분야에서는 소홀히 다루는 경향이 있다. 문학의 경우에도 오랜 기간 독자들의 전폭적인 호응을 얻고 있는데도 불구하고 문학성 등의 이유를 들어 연구나 평론의 대상에서 제외되는 작가들이 다수 있다. 출판학 연구에서도 그들을 배제할 경우, 중요한 테마임에도 불구하고, 연구의 공백 지대가 되어 버리고 만다. 결국 출판학에서 저자군에 대한 연구의 필요성이 제기되는 것이다.

그러나 아직까지 출판학계에서 이에 대한 관심은 미약한 실정이다. 이제는 출판계에서도 저자군을 저작권 관리의 대상으로만 여길 것이 아니라, 출판문화 창달의 동반자로 삼아야 할 것이다. 이를 위하여 한국출판학회에서 먼저 학문적 관심을 보여야 한다. 이것은 저작자의 사회적 중요성을 살려내는 일이며, 동시에 출판학 연구를 풍성하게 하는 일이다.

저술 행위에 대한 연구와 함께 출판 기획 행위 또는 출판 기획자에 대한 연구도 아직 미흡하다. 기획 또는 기획자에 대한 연구는 편집 또는 편집자에 대한 연구와 함께 맞물리며 행해지게 될 것이다. 기획 단계에서 이미 편집 방침이 정해지기도 하고, 기획자와 편집자가 동일인일 경우도 많기 때문이다.

제작이란 세분하면 인쇄와 제책인데, 인쇄에 대한 연구는 비교적 활발하게 이루어진 편이다. 지금은 선진 제작 기술을 지닌 외국 제작 기술과의 비교 연구가 필요한 시점이라고 본다. 왜냐하면 현재 한국의 인쇄 기술은 해외 시장 개척이 용이할 만큼 발달한 상황이기 때문이다. 제책도 크게 발전한 상황이지만 이에 대한 연구는 미흡한 실정이다. 출판 제작의 한 분야로 보다 활발하게 연구되어야 할 것이다.

출판 유통에 관한 연구는 다른 영역에 비하면 활발하게 이루어진 편이다. 그동안 유통 구조에 대한 연구가 주를 이루었는데, 향후 출판 마케팅이나 출판 광고 연구 등을 통하여 출판 시장의 확대 방안을 마련할 필요가 있다.

셋째, 출판을 둘러싼 환경은 출판에 관한 제도나 법제, 정부 정책, 그리고 경제 및 시장 동향, 사회 · 문화적 분위기, 국민의 교육과 의식 수준 등으로 광범위한 분야에 걸쳐 있다. 여기에서 출판 관련 연구로는 정부 정책에 대한 연구가 중요하다. 최근 정부의 출판 정책에 대한 연구가 간헐적으로 이루어져 왔는데, 앞으로는 정기적으로 실시해 좀 더 적극적으로 진행될 필요가 있다. 왜냐하면 정부의 출판산업 진흥 예산이 매해 국고에서 책정되고 있기 때문에, 이에 대한 분석 평가와 효율적인 정책 제시 역시 시의적절하게 이루어질 필요가 있다.

그 외에 경제나 사회 · 문화적 분위기, 교육 등은 출판에 미친 영향 등을 조사하는 데 필수적인 요소가 될 것이다. 역으로, 출판이 사회 · 문화적 분위기나 교육, 경제 등에 미친 영향도 조사 대상이 되어야 한다. 한국의 국력 신장에 우리 교육이 끼친 영향을 누구나 인정하지만, 사실상 교육에 중요한 영향을 끼친 것 또한 교과서를 비롯한 도서 출판인 점을 인식해야 한다. 이러한 사회 변화와 출판의 상호 영향 관계 연구는 중요한 과제이다. 이를 위해 베스트셀러의 요인 분석, 또는 반대로 베스트셀러가 사회에 끼친 영향 연구 등이 필요할 것이다. 이러한 연구를 역사적으로 진행할 경우 베스트셀러의 역사가 되기도 하고 출판의 사회사가 되기도 한다.

넷째, 출판 주체에 대한 연구 역시 출판물의 생산, 유통, 소비의 주체가 모두 그 연구 대상이 될 것이다. 생산 주체로는 조직체로서의 출판사 또는 출판인, 편집자, 제작자 등이 있고, 유통의 주체는 서점 등의 도서 유통 기구, 도서관, 독서 운동 단체 등이 해당될 것이고, 소비 주체는 독자가 될 것이다. 그런데 출판인과 서점에 대한 연구는 매우 빈약한 실정이다. 더욱이 기록 문화를 다루는 출판에서 출판인 자신에 대한 기록과 연구가 빈약한 것은 넌센스이다. 출판인에 대한 연구가 강화되어야 할 것이다.

아울러 출판사 조직에 대한 연구가 필요하다. 우선, 창의적인 조직으로서의 출판사 연구가 있어야 하고, 미시적인 접근으로 출판사

내부의 경영, 인력 및 재무 관리 등에 대한 연구도 필요할 것이다.

다섯째, 출판 유관 분야에 대한 연구는 앞의 '연구 분과 활동의 강화'에서 언급했듯이, 제1단계인 기획 과정에서 저자 또는 저술 행위 연구, 제2단계인 편집 · 제작 과정에서 디자인, 인쇄, 장정, 제본 등의 연구, 제3단계인 유통 과정에서 서점과 도서관, 독서와 독자 연구 등이 해당될 것이다.

여섯째, 출판의 관점으로 행하는 사회, 문화, 역사 등에 대한 연구이다. 이 연구는 앞의 '연구 분과 활동의 강화'에서 언급했듯이 지역 출판, 다문화 출판, 여성 출판, 시니어 출판, 통일 대비 출판 등으로 다양하게 뻗어나갈 수 있다.

일곱째, 출판학 연구 자체에 관한 메타 연구는 반세기 가까이 출판학의 연구가 쌓여감에 따라 그 연구 성과도 상당히 진척된 것으로 파악된다. 향후에도 계속 활발한 연구가 이루어질 것으로 전망되는 주제이다. 아울러 출판학 연구 방법론에 대한 관심도 높아져야 할 것이다.

2-4 맺음말

이상으로 한국출판학회의 현재를 살펴보고 미래 전망과 과제를 논의해 보았다.

한국출판학회의 현재 상황은 내부와 외부 여건 모두 긍정적 측면과 부정적 측면이 공존하고 있음을 확인하였다. 부정적 여건을 슬기롭게 극복하고 긍정적 여건을 최대한 살려 학회를 발전시켜 나가는 것이 우리의 과제일 것이다.

이 글에서는 미래를 전망하며 한국출판학회의 과제를 제도 · 정책적 측면, 학회 활동적 측면, 학문 연구적 측면의 세 가지로 나누어 살펴보았다.

우선 제도 · 정책적 측면의 과제란 학회 외부의 불리한 여건에 대한 극복 방안이다. 대학에서 출판학 전공이 위축되는 현상에 대한 대안으로 출판 대학원의 설립을 제시하였다. 이것은 문화 체육 관광부의 출판 진흥 5개년 계획에서 정책 과제로 선정될 만큼 상당 기간 논의되어 온 사항으로 현실성이 있는 대안이라 할 수 있다. 동시에 출판 전공과 인접한 학과의 커리큘럼에서 출판 관련 교과목 개설을 확대해 나가는 것을 또 다른 대안으로 제시했다.

두 번째, 학회의 활동 사항으로 신진 연구자의 지속적 확보, 산학 협동의 강화, 국제화의 확대, 연구 분과 활동의 강화와 같이 네 가지를 제시했다. 특히 연구 분과 활동의 강화는 학회의 약점인 신진 연구자의 부족 현상을 극복하는 방안이기도 하다.

세 번째, 학문 연구적 측면에서는 학회의 연구 활동 등을 고려하여 편의상 7가지로 나누어 살펴보았다. 첫째, 출판의 본질, 둘째, 출판 과정, 셋째, 출판을 둘러싼 환경, 넷째, 출판 주체, 다섯째, 출판 유관 분야, 여섯째, 출판의 관점으로 사회와 문화를 새롭게 바라보는 융합의 영역, 일곱째, 출판학 연구 자체에 관한 메타 연구이다.

향후 출판학 연구에서 진행해야 할 연구 주제는 방대하다. 이 글에서 제시한 많은 과제들의 수행은 기존 회원들과 새로 들어올 회원들의 상호 협력 속에서, 그리고 더욱 활성화될 국제적인 학술 네트워크 속에서 보다 효과적으로 추진될 수 있을 것으로 전망한다.

■ 참고문헌

구모니카(2012). 「전자책, 과연 시대의 총아인가」, 《제10차 출판정책 라운드테이블 자료집》, 한국출판학회.

구본준(2011). 「한국의 출판비평, 무엇이 문제인가」, 《제9차 출판정책 라운드테이블 자료집》, 한국출판학회.

권혁재(2013). 「"언론의 출판 보도, 그 허와 실"에 대한 토론문」, 《제12차 출판정책 라운드테이블 자료집》, 한국출판학회.

김경일(2011). 「한국 출판통계, 이대로 좋은가」, 《제8차 출판정책 라운드테이블 자료집》, 한국출판학회.

김범수(2013). 「언론의 출판 보도, 그 허와 실"에 대한 토론문」, 《제12차 출판정책 라운드테이블 자료집》, 한국출판학회.

김선남(2010). 「국민 독서진흥방안에 관한 연구」, 《제6차 출판정책 라운드테이블 자료집》, 한국출판학회.

김홍식(2010). 「컨텐츠 시대의 독서운동, 현황과 과제」, 《제6차 출판정책 라운드테이블 자료집》, 한국출판학회.

남석순(2014). 「출판학연구의 국제동향과 방향 분석(Ⅱ) : 국제출판학술회의(IFPS) 30년 연구 성과와 방향 분석을 중심으로」, 《한국출판학연구》 제68호.

노병성(2015). 「출판사의 경쟁력에 관한 단상」, 《제15차 출판정책 라운드테이블 자료집》, 한국출판학회.

마붑 알엄(2013). 「"다문화 출판의 방향과 교육"에 관한 토론문」, 《제13차 출판정책 라운드테이블 자료집》, 한국출판학회.

박익순(2015). 「출판경쟁력, 어떻게 창출할 것인가」, 《제15차 출판정책 라운드테이블 자료집》, 한국출판학회.

박찬익(2013). 「"다문화 출판의 방향과 교육"에 관한 토론문」, 《제13차 출판정책 라운드테이블 자료집》, 한국출판학회.

배진석(2012). 「한국출판문화산업진흥원 출범의 의미와 과제」, 《제11차 출판정책 라운드테이블 자료집》, 한국출판학회.

부길만(2014). 『한국 출판의 흐름과 과제 2』, 시간의물레.

부길만(2015). 「출판학 연구의 과거, 현재, 미래」, 《한국출판학회 제29회 정기학술대회 자료집》.
신지영(2013). 「방송뉴스 제작 현장에서 느낀 출판 보도의 한계」, 《제12차 출판정책 라운드테이블 자료집》, 한국출판학회.
이문학(2010). 「출판물 제작과정의 환경 인자에 관한 연구」, 《한국출판학연구》 제59호.
이정춘(2010). 「위기의 읽기문화, 어떻게 할 것인가」, 《제7차 출판정책 라운드테이블 자료집》, 한국출판학회.
이종국(2000). 「한국에서의 출판학 연구-관심과 방법, 성과의 이해를 중심으로」, 한국출판학회30년사 편찬위원회 편, 『한국 출판학의 사적 연구』, 한국출판학회.
장인실(2013). 「다문화 출판의 방향과 교육」, 《제13차 출판정책 라운드테이블 자료집》.
주정관(2010). 「위기의 읽기문화, 어떻게 할 것인가"에 대한 토론문」, 《제7차 출판정책 라운드테이블 자료집》, 한국출판학회.
표정훈(2013). 「출판과 언론 매체, 그 상생을 위하여」, 《제12차 출판정책 라운드테이블 자료집》, 한국출판학회.
한국출판문화산업진흥원(2015). 『〈2015년 출판산업 실태조사-2014년 기준』, 한국출판문화산업진흥원.
한국출판학회 엮음(2012). 『한국출판산업사』, 한울.
한기호(2010). 「"국민독서, 어떻게 진흥시킬 것인가"에 대한 토론문」, 《제6차 출판정책 라운드테이블 자료집》, 한국출판학회.
한주리(2014). 「출판정책 평가와 발전 방향」, 《제14차 출판정책 라운드테이블 자료집》, 한국출판학회.
허연(2010). 「읽는 것이 곧 문명이다」, 《제7차 출판정책 라운드테이블 자료집》, 한국출판학회.
清水英夫(1997). 「안춘근선생을 기리며」, 《'97출판학연구》.

제2장 출판 산업과 출판 연구의 방향

1. 출판통계 정책의 방향
2. 해외출판 정책 연구의 의의와 과제
3. 남북한 출판 교류와 통일
4. 지역 문화와 지역 출판의 발전
5. 도서수요 진흥 방안으로서의 독서 운동

1 출판통계 정책의 방향*

1-1 출판 통계의 필요성

모든 산업에서 통계는 실태 파악과 정책의 기초 자료가 된다. 통계는 특히 출판산업 진흥을 위한 정책 수립에서 더욱 긴요해진다. 출판문화산업진흥법 제4조에는 "문화관광부 장관이 출판문화산업의 진흥에 필요한 기본계획을 매 5년마다 수립 · 시행하여야 한다."고 명시되어 있다. 그러나 본격적인 출판문화산업 진흥정책의 수립 · 시행을 위한 기본적인 통계조차 제대로 갖추어지지 않은 상태이다. 따라서 체계를 갖춘 출판 산업 관련 종합 통계의 확보가 시급한 과제가 되어야 할 것이다.

출판 관련 통계는 정부의 출판정책 수립을 위해서뿐만 아니라 출판인, 일반인, 출판 연구자들에게 모두 유용한 정보가 되어야 한다. 우선, 출판인에게는 출판 산업의 규모와 추세를 확인해 주고 출판 분야의 흐름과 수요에 관한 정보를 제공하는 역할을 할 것이다. 일반인들에게는 출판 산업의 중요성을 인식시키고 출판 산업의 현황을 올바로 이해하게 하는 데 기여하고, 출판이 사양 산업일 것이라

---

* 2014년 12월 15일 한국출판문화산업진흥원 주최로 열린 〈2014 출판산업 콘퍼런스〉에서 지정 토론자로 발표한 내용을 수정 · 보완한 것임.

는 세간의 오해와 편견을 없애줄 수 있다. 출판 관련 분야 연구자들에게는 출판 산업계의 나아갈 방향을 제시하며, 정부 출판정책을 분석 · 평가하고 대안을 마련하는 데 기초 자료로 쓰일 수도 있다.

1-2 출판통계 정책의 방향

바람직한 출판통계 정책을 위한 방향을 다음 4가지로 제시하고자 한다.

첫째, 출판 통계를 정교화해야 한다.

출판문화산업진흥원에서는 출판 산업계의 모집단 전수 조사에 대한 시도를 하고 2013년부터 〈출판산업 실태 조사〉 결과를 발표하기 시작했다. 이러한 움직임을 출판 통계를 정교하게 발전시킬 수 있는 계기로 삼아야 할 것이다. 향후 조사 대상을 확대하고 통계 작성 경험을 토대로 기준을 마련하고 효율적인 통계 산출 방식을 정립할 필요가 있다.

출판산업 관련 통계는 외국에도 표준화된 지표가 없고, 통계 산출 방식이 나라마다 다르며 한 국가 안에서도 수치상의 차이가 드러난다. 출판 산업 관련 통계를 종합적으로 수집 · 분석하여 체계화하고 그 기준을 표준화하는 작업이 필요하다.

둘째, 출판 통계의 영역을 확장시켜야 한다.

한국 출판 관련 통계는 세부 통계는 물론이고 기본 통계마저 부실한 경우가 많다. 심지어 확보된 자료조차 제대로 정리하지 못한 실정이다.

일본의 경우 출판 제작과 유통의 전 분야에 걸쳐 실제 조사나 근거 있는 추정을 통해서 다양한 통계를 작성하여 상세한 정보를 제공하고 있다. 예를 들면 출판사별 신간 발행 종수, 출판사의 조직 · 자본금 · 종업원 수, 현존 출판사의 창업 연도, 출판사별 종업원의 연령별 평균 임금, 출판사별 법인 소득, 출판 관련 고액소득 납세자, 서점의 매상고 랭킹 등을 발표하고 그 외의 자료에서도 추정 유통 부수, 판매 부수, 판매 금액 등이 제시된다. 이런 상세한 정보는 투명하고 합리적인 출판 경영이 받쳐 주고 있어 가능한 것이지만, 그것은 다시 출판의 과학화를 앞당기는 기능을 하게 된다(부길만, 2014. p.181).

셋째, 출판 통계를 국제 비교로 발전시켜야 한다.

2009년 한국출판학회에서 〈국제출판유통지수 비교 연구〉 과제를 맡아 국제 비교를 제시한 바 있다. 당시 통계 일부는 조사가 불투명했기 때문에 추정치에 의존하였는데, 한국과 외국에서 공통적으로 겪게 되는 어려움이었다. 우선 한국에서부터 추정치를 분명하고 근거 있는 통계로 바꿀 수 있도록 하여, 세계 출판 통계에 모델로 제시할 수 있어야 할 것이다. 아울러 국가별로 근거가 확실한 통계를 내는 국가의 모델을 배워서 우리도 활용할 필요가 있다(이정춘 외, 2009).

또한, 국민 독서 실태 및 출판 생산(발행) 분야에 대한 국제 비교도 조사 · 연구할 필요가 있을 것이다.

넷째, 출판 통계를 종합적으로 수집 · 분석 · 관리할 수 있는 시스템을 확립해야 한다.

유용한 출판 통계가 정기적으로 나오기 위해서는 출판 통계를 담당할 상설 기구 또는 전문 위원회가 있어야 한다. 여기에서 출판 산업계 인사, 출판학 전공 학자, 통계 전문가 등이 힘을 합쳐야 할 것이다.

■ 참고문헌

부길만(2014). 『한국 출판의 흐름과 과제 1』, 시간의물레.
이정춘 외(2009).『국제출판유통지수 비교 연구』, 한국출판학회.

2 해외출판 정책 연구의 의의와 과제*

2-1 해외출판 정책 연구의 의의

본격적인 해외출판 정책 연구의 시작을 알리는 보고서인 『프랑스 출판 정책 연구』가 2014년 출판문화산업진흥원에서 발간되었다. 늦은 감이 있으나 소중한 출발점이라 할 수 있다. 이번에 프랑스 출판 정책을 필두로 보다 많은 선진국 출판 정책의 연구서들이 등장하기를 기대해 본다. 해외출판 정책 연구의 의의는 다음 세 가지로 정리할 수 있다.

첫째, 정책 연구의 범위를 국내에서 해외로 확장한 점이다.

국내 출판문화산업의 실태에 대한 조사 연구가 일정 부분 진척되고 있는 상황이기 때문에, 다음 작업으로 본격적인 출판 진흥 정책의 개발과 대안 제시가 요구되는 시점이다. 따라서 출판 선진국의 출판 진흥 정책 사례를 조사 · 분석 · 평가하여 우리 정책의 참고 자료로 활용하는 것은 바람직한 일이다.

둘째, 정책 연구의 범위를 미국 중심 연구라는 기존 관행에서 탈피한 점이다.

* 2015년 3월 4일 한국출판문화산업진흥원 주최, 주한 프랑스문화원 후원으로 열린 〈해외출판정책 연구포럼〉에서 지정 토론자로 발표한 내용을 수정 · 보완한 것임.

그동안 정책 연구에서 선진국의 사례는 미국이나 영미권 국가에 치중된 경향이 짙다. 예를 들면, 도서정가제의 문제도 미국이 적용하고 있지 않다고 하여 대부분의 선진국이 실시하지 않는다는 주장이 나오기도 했다. 미국 중심의 정책과 문화 일변도는 문화의 다양성을 훼손할 우려가 있고 우리 현실에 적합하지 않은 정책을 시도할 가능성이 크다. 이제부터라도 정책 연구에서 미국 편중을 극복하고 우리 현실과 접목할 수 있는 다양한 선진국의 사례를 연구해야 할 것이다.

셋째, 해외 정책 연구를 토대로 한국 출판진흥정책에 대한 시사점을 제시하려고 노력했다는 점이다.

2-2 프랑스 출판정책 연구의 교훈

이번 프랑스 출판정책 연구가 주는 교훈을 제시하고자 한다.

첫째, 출판에 대한 개념 인식의 차이이다.

한국 정책 당국은 출판을 제조업의 관점으로 파악하려 하고 있다. 문화부에서도 출판과 인쇄를 묶어 같은 과에서 업무를 보게 한다. 물론 출판과 인쇄는 매우 밀접한 분야이기 때문에, 결합 업무가 적합할 수 있다. 문제점은 출판 업무를 독서와 도서관 업무와 구분하여 시행함으로써 효과적인 출판진흥 정책에 걸림돌이 많이 생겨나고 있다는 점이다. 프랑스의 경우 문화커뮤니케이션부의 한 부서에서 도서 및 독서를 함께 다루고 있으며, 출판진흥기구에 해당하는 국립도서센터(CNL)에서도 도서 및 독서부의 집행 역할을 하고 있는데, 이는 우리가 필히 참조해야 할 점이다.

둘째, 서점 발전을 위한 정책이다.

서점 수가 급격하게 줄어들고 있어도 별다른 대책을 내놓지 못하는 우리 실정과 달리, 프랑스는 도서정가제는 물론이고 우수독립서점 인증제도, 반아마존법 및 기타 다양한 지원 제도를 체계적으로 운영하고 있는 점 역시 참조할 필요가 있다. 한국도 우리의 실정에 맞는 서점 살리기 정책을 시급히 내놓아야 할 것이다. 우선, 출판 산업의 진흥과 서점계의 발전을 하나로 인식하도록 해야 하고 이를 토대로 정책을 개발해야 한다.

셋째, 출판진흥기금의 조성 논의이다.

이제는 출판진흥기금의 조성 문제를 본격적으로 논의할 때가 되었다. 출판진흥기금 문제는 정부의 정책적 지원, 출판계의 참여, 메세나 활성화 등 다각도로 그 방안을 모색해야 한다. 이 작업 과정에서 프랑스나 다른 출판선진국의 사례는 좋은 참고가 될 것이다.

2-3 해외출판 정책 연구의 과제

해외출판 정책 연구가 시작되기는 했지만 아직 갈 길이 멀다는 느낌을 지울 수 없다. 우선 빈약한 연구 기능을 강화해야 한다. 보다 깊이 있는 전문적인 연구를 위해서는 출판학자와 출판 전문가는 물론이고 해당 국가의 출판 관련 문화나 정책을 전공한 전문가가 함께 참여해야 한다. 현지 통신원이나 번역가 역시 필요하겠지만 여기에 머물러서는 안 된다.

이와 함께 외국학 전문가들을 평소에도 출판 연구에 참여시켜야 한다. 해외 연수 지원을 받을 출판인들에게도 해당 국가의 출판문화와 출판 정책을 연구할 수 있는 기회를 주어야 한다. 동시에 젊은 외국학 연구자들을 교육시켜 해외 출판에서 배울 점을 조사 · 연구하게 하는 한편, 우리 출판과 문화의 장점을 해외에 알리고 한국 출판물의 해외 홍보와 수출에서 중요한 역할을 할 수 있도록 해야 한다.

3 남북한 출판 교류와 통일*

2015년 여름 중국 연변대학교에서 남북한 출판 교류의 활성화 방안을 논의한 세미나는 우리 출판인과 출판학자의 시대적 과제를 새삼 일깨워 주는 자리였다고 생각한다. 첫 번째 주제 발표자로 나온 연변대학교 교수 우상열의 논문 「중국에서의 조선과 한국 도서출판 특징 및 영향」은 남한과 북한 모두와 교류했던 중국 조선족의 입장에서 남북한의 출판 활동을 등거리에서 바라보고 있다. 이것은 가로막힌 상태에서 북한을 바라볼 수밖에 없는 남한의 좁은 시야를 극복해 줄 수 있다는 점에서 그 의의가 크다. 보다 넓은 시야에서 남북한 출판 활동의 장단점을 파악할 수 있다는 유리한 입장을 계속 활용해 나가야 할 것이다. 여기에서 남한에 속한 출판인과 출판학자들은 교류 확대와 분단 극복을 위한 중요한 시사점들을 찾아내야 할 것이다.

향후 통일 시대가 도래하면, 출판 활동은 남북한을 모두 제대로 파악할 능력을 지닌 사람들이 선도하게 될 것이다. 이에 대한 준비가 지금부터 이루어져야 한다는 점에서 중국의 조선족은 매우 소중

* 2015년 7월 24일 범우출판문화재단과 중국 연변대학교 조선한국학학원이 공동 주최하여 〈남 · 북한 출판교류를 위한 과제와 전망〉을 주제로 연변대학교에서 진행된 세미나에서 지정 토론자로 발표한 내용을 수정 · 보완한 것임.

한 위치에 있다고 할 수 있다. 또한 이번 발표를 통하여 중국에서의 북한 도서의 수입 출판이 "전반 조선족의 문화생활 및 수양뿐만 아니라 조선족 문학 내지 학문의 전면적인 발전에 지대한 영향을 주었음"을 알게 되었다. 그러나 1958년 8월 이후 여러 정치적 요인으로 인하여 북한 도서의 수입 출판이 내리막길로 들어섰다고 한다.

반면에, 1980년대 이후 중국에서 한국 도서의 번역 출판이 북한 도서를 넘어서기 시작하면서 현재까지 상승세를 타고 있다. 우상열(2015)이 제시한 최근 중국에서의 한국 도서 출판의 특징 6가지를 주목할 필요가 있다.

첫째, 한국의 실용 도서가 중국에서도 통하고 있다는 점이다. 예림당의 『WHY』 시리즈 같은 아동용 과학도서, 한국어 학습서 또는 한국에서 만들어낸 외국어 학습서 등이 인기를 끌고 있다. 둘째, 한국에서 선풍적 인기를 얻은 작품들이 중국에서도 많이 팔려 나갔다. 예를 들면, 김하인의 『국화꽃 향기』, 김난도의 『아프니까 청춘이다』, 남인숙의 『여자의 모든 인생은 20대에 결정된다』, 최인호의 『상도』, 귀여니의 『그 놈은 멋있었다』, 김애란의 『달려라, 아비』 등이다. 셋째, 한국적 특색이 먹혀 들어가고 있다. 영어 학습서도 영국이나 미국이 아니라 한국인이 쓴 책이 중국 독자들을 사로잡았고, 한국의 미용이나 성형 기술 또는 화장, 조리, 복식 디자인 등의 책들이 중국 출판의 공백을 메우면서 중국인의 독서 문화를 풍부하게 해 주고 있다. 넷째, 중국 출판사들의 한국 도서 출판은 제각각 성격이 다른 다양한 출판사에서 담당하고 있어 유사 또는 중복 출판의 폐해는 별로 나타나지 않고 있다. 다섯째, 한국에서의 도서발행 시점과 중국에서의 판권 수입을 통한 번역출판 시점 사이의 간격이 현재로 올수록 단축되는 양상을 보이고 있다. 여섯째, 한국도서 판권 구입이 최근 해마다 늘어나고 있어, 중국에서의 판권 수입은 한국이 미국, 영국, 일본에 이어 제4위를 차지했다.

이러한 정보는 중국으로 진출하려는 우리 출판인들에게 중요한 시사점을 주었다고 생각한다. 그의 발표를 들으며 21세기는 문화의 세기요, 동아시아의 시대라는 생각이 들었다. 지금이야말로 출판이 선도하는 동아시아 문화공동체의 수립이 필요하다는 인식이 새삼 절실해졌다. 한 · 중 · 일 삼국은 문화공동체 작업의 일환으로 삼국의 공용 한자를 제시하고 함께 교육하자고 제의하지 않았는가. 이러한 상황에서 남북 출판 교류의 활성화가 우선 과제로 제시되어야 할 것이다.

두 번째 주제 발표자로 나온 한국 측 박몽구의 논문「통일시대 북한 출판물의 민족문화유산 편입 문제」는 통일을 준비하는 중요한 작업의 하나로 그 연구 의의가 크다고 생각한다. 특히 민족 동질성의 확보라는 차원에서 북한에서 이루어낸 출판 활동 중에서 이념성이 강한 출판물을 제외하고 한국학 관련 출판물의 발굴과 조사를 통하여 한글 공동체가 산출한 민족 문화의 창달에 기여해야 한다고 주장한다. 박몽구(2015)는 한국 내 북한 도서의 실태를 이렇게 전한다. "현재 국립중앙도서관과 통일부 산하 북한자료센터 등에는 약 5만여 종의 북한 도서가 소장되어 있는 것으로 알려져 있다. 이들 북한에서 출판된 도서에 대한 소상한 분류나 연구는 이루어지지 않고 있는 현실이다. 이른바 주체사상의 주입을 위해 만들어진 도서 및 김일성 일가에 대해 일방적으로 찬양 고무하는 내용 위주의 이념 서적은 제외한 고대 신화, 구비문학, 고전소설, 한문 고전의 국역(國譯) 출판물 등은 충분히 우리 민족 문화 자산으로 편입할 여지가 적지 않다고 본다."

이러한 주장은 통일 시대에 대비한 출판의 과제를 제시한 것으로, "한국학의 범위를 한글 상용 공동체 단위로 확대함으로써 지구촌에서의 한국학이 갖는 문화구성체로서의 의의와 가치를 새롭게 발견할 수 있을 것으로 전망한다."

북한 출판물의 민족문화 유산 편입은 당연한 주장이다. 아울러 중국, 러시아, 미국 등의 동포 사회에서 이루어진 한글 출판물들도 우리 민족의 출판문화 유산으로 받아들여야 할 것이다. 이를 위해서는 해외 한민족의 한글 출판물에 대한 발굴 · 조사 · 연구가 선행될 필요가 있다. 이러한 조사에는 현재의 출판 활동은 물론 개화기와 일제 강점기 해외에서의 한글 출판에 대한 역사적 연구도 함께 이루어져야 할 것이다. 특히 일제 강점기에는 국내에서 금서로 묶였던 서적들마저 해외 한민족 사회에서 상당수 발행되었기 때문에, 한국출판문화사 연구에도 중요한 자료가 될 것이다.

또한, 조사 · 연구에서 더 나아가 한글을 통하여 한민족 문화공동체를 이룩하는 방향으로 나아가야 할 것이다. 이번 세미나에서 연변대학교 조선한국학학원 학장 이관복은 한민족 문화공동체의 이상을 유대인 공동체와 비교하며 이렇게 제시한다. "유대인들이 히브리어를 모체로 문화공동체를 형성해 세계적인 유대감을 갖고 있으면서 그들의 집합적 정체성을 확고히 하여 세계에 알리고 있습니다.… 우리 민족의 디아스포라는 전 세계 어느 나라에도 없는 특례입니다. 나라의 명칭은 달라도 모두 한민족으로서 한글을 쓰고 있습니다. 한글이라는 우리들의 언어로써 한민족의 디아스포라를 통합할 때, 지금보다 훨씬 더 세계적으로 영향력 있는 결합체가 형성될 수 있으며 또 한글의 정체성 아래 남·북을 포함한 한민족 디아스포라들이 각기 자신들의 거주 국가에서 무엇인가를 할 수 있는 힘을 기르는 데 일조하리라고 생각합니다."

전 세계 한민족 문화공동체의 이상은 한글이 있기 때문에 우리들의 노력에 따라 현실로 실현시킬 수 있다고 본다. 이때 제일차적인 과제로 남북한의 문화 교류가 선행되어야 한다는 점에서 남북한 출판 교류는 한층 더 중요한 성격을 띤다.

남북 관계는 정치·군사적 상황에 따라 그동안 냉온탕을 넘나들고 있지만, 출판문화 교류는 꾸준히 지속되어야 할 것이다. 남북한의 출판물에 대한 목록 교환, 서울 국제도서전에 북한 출판물 전시 및 남북한의 우수 도서 교환, 남북한의 출판인과 출판학자 교류 등은 한국 출판계에서 오래 전부터 주장해 온 사안이지만, 아직은 이렇다 할 성과가 없는 실정이다. 조속히 이루어져야 할 사항임을 다시금 강조한다.

■ 참고문헌

우상열(2015). 「중국에서의 조선과 한국 도서출판 특징 및 영향」.

박몽구(2015). 「통일시대 북한출판물의 민족문화유산 편입 문제」.

이 두 논문은 범우출판문화재단 엮음. 『남북한 출판교류를 위한 과제와 전망』, 범우사에 수록됨.

4 지역 문화와 지역 출판의 발전*

최근 지역 문화와 함께 지역 출판에 대한 관심이 커지고 있는데 이는 매우 바람직한 현상이다. 한국출판학회의 분과 모임인 지역출판연구회에서는 지역 출판에 관한 연구를 하는 한편, 지역출판인들의 지속적인 만남과 연대를 주선하는 일에도 힘을 기울이고 있다. 향후 지역 출판의 발전을 위한 논의는 더욱 확대될 것으로 전망된다.

여기에서는 지역 출판을 발전시켜야 하는 이유와 구체적인 발전 방안으로 나누어 논의를 전개하고자 한다.

4-1 지역 출판을 발전시켜야 하는 이유

오늘날 지역 출판은 구체적인 실태조차 파악하기 어려울 정도로 위축되어 있는 상황이다. 우선, 지역 출판이 발전해야 하는 이유, 이를 위하여 정부가 나서야 하는 이유를 다음 세 가지 측면에서 찾을 수 있다.

---

* 2015년 5월 11일 도종환 의원실, 배재정 의원실, 김태년 의원실, 박주선 의원실 주최, '지역출판 진흥과 활성화를 위한 모임' 주관으로 국회의원회관 2층 제8간담회실에서 열린 국회토론회에서 지정 토론자로 발표한 내용을 정리한 것임.

첫째, 국제화 시대에 세계화를 이루어야 하기 때문이다.

지금과 같이 전 세계의 인적 · 물적 자원이 끊임없이 교류하는 시대에 우리는 가장 한국적인 것이 가장 세계적인 것임을 알고 있다. 그런데 한국적인 것, 곧 세계적인 것은 중앙이 아니라 지역 곳곳에 존재한다. 그래서 선진국은 예외 없이 지방 자치와 지역 문화를 발전시키고 있는 것이다. 그러나 한국은 그동안 정치, 경제는 물론 문화까지도 중앙으로만 향해 왔다. 우리가 지방으로 눈을 돌릴 때 우리 문화와 우리 역사의 고유성과 보편성은 더욱 확대될 것이고 이에 따라 해결해야 할 과제도 많아질 것이다. 아울러 세계화의 가능성 또한 훨씬 더 커질 것이다.

지역이라 할 경우 수도권으로 통칭되는 서울이나 경기도도 마찬가지이다. 중앙으로서의 역할만 강조하여 특색 없는 도시에 머물려고 할 때 오히려 세계화의 길은 멀어질 것이다. 서울 지역 또는 경기도 지역으로서의 특수성과 정체성을 살려 세계를 향해 뻗어 나가야 한다.

둘째, 지역 출판의 발전이 지역 문화의 향상을 가져오고 이에 따라 지역 주민의 삶의 질을 높여 줄 것이기 때문이다.

출판이 문화를 창조하고 보존하는 데에 가장 유리한 매체임은 잘 알려진 사실이다. 출판은 생명력이 길어 민족 문화의 계승과 발전에도 중요한 역할을 해왔다. 오늘날 지역 문화가 크게 발전하지 못하는 중요한 이유 중의 하나도 지역 출판이 위축되어 있기 때문일 것이다. 우선 지역 출판을 살려내어 지역 문화 발전의 원동력이 되게 하고, 이를 통하여 지역 주민들의 삶의 질을 높여 가도록 해야 할 것이다. 또한, 지역 출판의 발전은 우리 출판이 세계 시장으로 진출하는 데에 매우 중요한 콘텐츠를 제공해 줄 수 있다.

셋째, 지방 정부의 문화 마인드를 높이고 지역의 독서 교육과 독서 운동을 진작시켜야 하기 때문이다.

지방 자치 제도가 시행된 지 오래되었지만, 아직까지도 지방 정부의 문화 마인드는 별로 나아지지 않았다. 선거 때에도 지역 문화 발전은 이슈가 되지 못하고 있다. 문화 선진국으로 갈 길이 멀다는 의미이다. 지방 정부에서 독서 진흥을 해야 한다는 법 규정은 있지만, 적극적으로 시행하는 지자체는 몇 곳 되지 않는다. 아니, 관심조차 두지 않고 있으며, 이를 비판하는 지역 언론도 별로 없는 실정이다. 지역 언론 자체 역시 크게 위축된 상황이니 기대하기 어렵다.

지역 언론과 함께 지역 출판이 발전되어야 지역 독서진흥 작업도 활기를 찾을 수 있다. 중앙 정부와 지방 자치 단체가 지역 공공 도서관을 살리기 위하여 재정 · 정책적 지원을 했듯이, 지역 출판과 독서 진흥을 위하여 힘을 쏟아야 한다.

4-2 지역 출판 활성화를 위한 구체적 방안

현재 출판 진흥을 위한 제도로서 출판문화산업진흥법이 있고 그 추진 기구인 출판문화산업진흥원도 활동을 하고 있다. 출판문화산업진흥원에서는 출판문화의 다양성 제고를 위하여 1인 출판이나 소규모 출판 활동을 지원하고 있다. 이러한 활동의 일환으로 지역 출판의 진흥에 대한 관심도 커져야 하겠다. 물론 이를 위해서는 지역 출판에 대한 실태 파악이 전제되어야 할 것이다.

이와 같은 출판 전반의 진흥에 대한 대책 외에 지역 출판의 특수성에 입각한 진흥 방안이 있어야 할 것이다.

첫째, 지역 출판사에서 발간한 지역 출판물의 유통과 소비를 진작시키기 위한 지역 출판물 유통 센터의 설립 또는 지원이 이루어져야 한다.

본격적인 지역 출판물 유통 센터로서 상설 매장이 필요할 것이다. 유통 센터 설립 이전에는 상설 전시장 형태도 가능하고, 서울 등 대도시 소재 대형 서점의 매장에서 지역 출판물 상설 전시 판매를 하는 공간을 확보하는 방안도 효과적일 수 있다. 이것은 정부의 적극적인 지원이 있으면 어렵지 않은 문제라고 생각된다.

일본의 경우 동경의 한 서점에서 지역 출판물만 비치해 두고 판매하는 것을 보았는데, 그 규모는 크지 않았다. 우리의 경우 일본처럼 개인에게 맡길 것이 아니라 정부가 적극적으로 나서서 지역 출판물의 유통을 활성화시켜야 할 것이다.

둘째, 현재 공공 도서관은 비교적 지역 균형 발전에 걸맞게 지역 곳곳에 산재해 있다. 정부나 지자체에서 운영하는 공공 도서관에 지역 문화를 주제로 하는 지역 출판물 진열 코너를 확대하여 운영해야 한다. 서적도 구색 갖추기 식으로 한 권씩 비치할 것이 아니라 여러 권씩 갖추어 지역 주민들이 자유롭게 볼 수 있도록 해야 한다. 필자는 미국 캘리포니아 주의 마을 도서관에 갔을 때, 캘리포니아 관련 출판물들이 정치, 경제, 문화, 역사, 지리, 종교, 인물 등 다양한 분야로 나누어 광범위하게 비치되어 있는 것을 본 적이 있다. 캘리포니아 주에 이런 마을 도서관들이 곳곳에 있으니 지역 출판도 자연히 활성화될 수 있을 것으로 생각되었다.

국립중앙도서관이나 국회도서관의 경우 전국적으로 지역 문화 특색이 잘 살아 있는 지역 출판물들을 선정하여 진열하는 별도의 공간 확보가 필요하다. 우수 지역 출판물의 신간들을 돌려가며 전시하고 별도의 지역 출판물 목록을 온·오프라인에서 제공해 줄 수도 있다.

셋째, 정부가 지역 출판물의 세계화를 위한 홍보 및 마케팅을 지원해야 한다.

가장 한국적인 특색을 잘 살려낸 지역 출판물을 선정하여 세계 출판시장으로 내보낼 수 있도록 홍보와 마케팅을 정부가 지원해야 한다. 해외의 국제도서전 및 서울 국제도서전에 출품하는 지역 출판물에 대한 정책적 재정적 지원도 아끼지 말아야 할 것이다. 정부가 정보산업 발전을 위하여 전폭적인 지원을 했듯이, 지역 출판에서 나오는 콘텐츠가 세계적 콘텐츠가 되도록 적극적으로 장려하고 지원해야 할 것이다. 또한, 정부는 지역 출판물의 세계화를 위한 국제 홍보·마케팅을 담당할 인재의 양성에 힘을 쏟아야 한다.

5 도서수요 진흥 방안으로서의 독서 운동*

출판문화는 세 축을 중심으로 이루어진다. 첫 번째, 원고를 창조해 내는 저작자 그룹이 있다. 여기에는 문인, 학자, 저술가, 각 분야 전문가 등이 일차적으로 속하게 되지만, 최근에는 일반인들도 저자로 곧잘 등장하고 있다. 그리고 더 넓게 보면, 발간할 책의 내용을 기획하거나 출판사로 들어온 원고를 선별하는 기획자 등도 여기에 해당될 것이다. 두 번째, 원고를 책으로 제작하는 업무와 관련된 그룹이다. 이를테면 편집, 디자인, 인쇄 · 제본 등의 담당자가 이에 속한다. 셋째, 책의 유통과 보급에 관여하는 그룹이다. 출간된 책을 독자에게 전달하거나 책 읽기를 권하는 역할을 맡고 있는 사람들이다. 서점, 도서관, 독서 단체 등의 관계자 또는 독서교육 담당자 등이 이 그룹에 속한다. 또한, 다양한 매체를 통해 책의 출간을 알리거나 비평하는 언론인이나 평론가도 포함될 것이다.

그러고 보면 출판문화를 형성하고 있는 서클은 매우 광범위하고 각양각색의 직군을 포함하고 있음을 알 수 있다. 이 세 그룹은 유기적인 관계를 맺고 상호 영향을 주고받기 때문에, 어느 한 그룹도 그

* 2014년 9월 29일 대한출판문화협회와 한국출판연구소가 공동 주최하여 〈한국 출판의 지속성장 방안은 무엇인가〉를 주제로 열린 출판 포럼에서 지정 토론자로 발표한 내용을 수정 · 보완한 것임.

역할을 소홀히 할 수 없다. 첫 번째 그룹과 두 번째 그룹의 내용과 작업이 아무리 잘되어 있더라도 세 번째 그룹의 역할이 제대로 이루어지지 않을 경우, 출판문화 발전은 요원해진다. 이러한 점에서 서점을 중심으로 한 출판유통이 원활해야 하고, 아울러, 다양한 독서 운동과 독서 진흥 정책이 있어야 할 것이다.

최근 일부 지방 자치 단체에서 독서 진흥에 관심을 보이고 있는데, 이는 매우 고무적인 현상이다. 지역의 공공 도서관에서 인문학 또는 독서 관련 강좌가 늘어나고 있는 것도 바람직한 일이다. 아울러, 지역 서점에서도 독서 강좌 또는 다양한 문화 활동을 전개해야 한다. 지방 자치 단체에서도 서점이 지역 문화의 거점으로 역할을 담당할 수 있도록 정책적 지원을 아끼지 말아야 할 것이다. 최근 문화 체육 관광부에서 출판진흥 지원 사업의 하나로 서점에서 행하는 저자와의 대화나 독서 토론회 등에 대하여 재정 지원을 한 바 있다. 이러한 중앙 정부의 지원도 더욱 확대해야 할 것이고 지자체의 관심도 더욱더 커져야 할 것이다.

현재 출판 진흥 정책의 하나로 수요확산 기반 조성을 위하여 영세한 출판사를 지원하는 사업이 있는데, 그 목적은 우리나라 문화의 다양성을 키우기 위한 방향으로 나아가야 할 것이다. 따라서 영세 출판사의 지원은 벤처 기업의 육성과 마찬가지로 현재 규모는 작지만 기획력이 좋아 문화 다양성에 기여할 수 있는 출판사를 대상으로 할 필요가 있다.

또한, 독서의 즐거움을 체험하게 하고 독서 습관을 기르는 일은 학교 교육의 중요한 역할이 되어야 할 것이다. 그러나 우리의 학교 도서관 환경은 열악하고 독서 교육도 거의 외면당하는 실정이다.

필자는 이에 대한 대책으로 두 가지를 제시한 바 있다.[6)]

첫째, 독서 환경 조성에 적극적으로 나선 학교를 정부가 선정하여 알리고 장려해야 한다. 아울러, 독서 교육에 정성을 쏟고 있는 교사들을 선발하여 정부에서 표창하도록 해야 한다. 그리고 대통령이 직접 나서서 격려해 주면 큰 효과가 있을 것이다. 이를 계기로 독서 진흥에 앞장선 독서 대통령, 문화 발전을 정부의 가장 중요한 정책 과제로 인식하고 실천하는 문화 대통령이 되어야 한다.

둘째, 수업에서 책 읽기를 연계시킨 교사들을 장려하고 이를 더욱 확대해야 한다. 교사들로 하여금 책 읽기 연계 수업 방식을 개발하고 그 실천 사례를 발표하게 한다. 그리고 우수한 사례 발표 교사들을 선발하고 방학기간 중 해외 연수를 보내 선진국의 책 읽기 연계 수업 방식을 받아들여 우리 실정에 맞는 수업 방식을 개발하고 이것이 전국적으로 확산되도록 장려 · 지원해야 한다.

아울러, 사회 운동 또는 시민운동으로서 독서 운동을 본격적으로 전개해야 하는데, 구체적인 독서운동 방안을 세 가지만 제안하고자 한다.

첫째, 가족 중심의 독서 운동으로 '아동 독서 가족신문 만들기'를 제안한다. 가족 신문 만들기 운동을 경진대회 방식으로 행하여 각 지자체 및 전국 단위로 확산할 필요가 있다. 초등학생과 부모가 함께 참여하여 독서를 주제로 한 체험담 또는 생각 등을 신문으로 꾸며서 내게 하는 것이다. 주제는 책을 통한 가족과의 소통과 사랑이

---

6) 여기에 대한 상세한 내용은 부길만(2013). 「한국출판 발전과 출판진흥정책」. 《출판연구》 제21호 참조.

될 것이다.

중학생 이상의 경우 가족이 아니라 학우들이 함께 모여 동아리 형태로도 신문을 만들게 할 수 있을 것이다. 주제는 '나의 책, 나의 꿈'. 청소년들이 책을 통하여 미래 비전과 진취적 정신을 키운 이야기를 신문으로 만들어 발표하게 하려는 것이다.

둘째, 노인 독서운동을 제안한다.

현재 노인 문제는 중요한 사회적 이슈로 떠올랐다. 우리나라 노인 자살률이 세계 1위이고 노인 빈곤율도 수치스러울 정도로 심각한 지경이며 노인 행복지수도 매우 낮은 수준에 머물고 있다. 고령화 사회로 가고 있는 상황에서 노인 문제는 경제와 함께 문화로 풀어야 할 것이다. 경제 문제는 생존을 위협하는 노인 빈곤문제를 해결하는 데 초점을 맞추어 정부의 복지 정책을 강화해야 할 것이다. 이와 함께 노인을 위한 문화 복지로서 독서 운동을 다음과 같이 제안한다.

노인 그림책 읽기 활동에 대한 장려와 지원이다. 지자체 또는 지역 공공도서관이나 사회단체에서 실시할 수 있을 것이다. 노인들이 모여 그림책을 함께 읽는 모임을 구성 · 운영하도록 지원하는 일이다. 이러한 모임에 독서 지도자 또는 그림책 관련 전문가를 강사나 안내자로 초빙하여 노인 그림책 독서모임을 이끌 수 있도록 지원하는 것이다. 예산 대부분은 강사에 대한 지원 정도이므로 큰 경비가 들지 않는 것이 장점이다.

그림책의 종류는 대상에 따라 어린이용과 성인용으로 구분되는데, 노인들의 경우 두 가지 그림책을 모두 읽으며 이야기를 나눌 수 있을 것이다. 어린이용 그림책에 대한 공부를 토대로 가족의 어린

아이들에게 전할 수 있고, 성인용 책에 대한 해석은 함께 토론하며 더욱 깊이 이해할 수 있다.

그림책은 형식에 따라 텍스트가 있는 일반 그림책과 글 없는 그림책으로 나눌 수 있다. 노인들의 경우는 오랜 인생 경험을 바탕으로 글 없는 그림책에서도 다양한 해석과 스토리텔링이 가능해지기 때문에 알차고 풍성한 모임이 가능할 것으로 전망된다. 글 없는 그림책은 아직 한글을 배우지 못한 유아들도 접할 수 있는데, 이 과정을 노인들이 이끌어 줄 수 있을 것이다.

셋째, 자서전 만들기 운동을 제안한다.

현업에서 은퇴했거나 인생 경험이 많은 사람들이 각자의 자서전을 단독 또는 공동으로 만들 수 있는 모임을 구성·운영하도록 지원하는 일이다.

자서전 만들기란 집필이나 편집 능력이 충분하지 않은 사람들이 스스로 자서전을 기획, 저술, 편집할 수 있는 능력을 갖출 수 있도록 사회교육 운동을 일으키자는 것이다. 이를 위해서 출판 기획, 글쓰기, 편집 디자인, 사진 촬영 등에 관한 교육을 시행하는 것이다. 교육을 담당할 인적 자원은 출판계에서 확보하도록 하고, 그 장소와 재정 지원은 각 지역의 지자체에서 하게 하는 방안이다.

은퇴자나 인생 경험이 많은 이들의 자서전에는 격동의 한국 현대사를 살아온 경험이 응축되어 표현될 것이다. 자신이 살아온 역사를 올바로 서술하기 위해서는 자신의 시대와 활동과 관련된 다양한 종류의 서적을 읽게 될 것이다. 교육 과정에서 이것을 각자의 체험에 맞게 선정하고 독서 지도할 수 있게 해야 할 것이다.

다양하게 많은 자서전이 나오게 되면, 일부 자서전을 유명 작가들이 추천하게 함으로써 그들의 저술 출판에 대한 의욕을 사회적으로 확산시킬 수 있을 것이다. 또한, 자서전을 펴낸 사람들은 어린이들의 글쓰기와 독서 지도를 위한 사회적 봉사에 나설 수 있을 것이다.

부 록 저자의 출판학 연구 실적 목록

※ 주요 저서

- 『조선시대 방각본 출판 연구』, 서울출판미디어, 2003.(2004년 대한민국 학술원 선정 한국학 분야 우수학술도서)
- 『책의 역사』, 일진사, 2008(2009년 문화체육관광부 추천 우수 학술도서)
- 『한국 출판 역사』, 커뮤니케이션북스, 2013.
- 『한국 출판의 흐름과 과제 1, 2』, 시간의물레, 2014.
- 『출판산업 발전과 독서진흥』, 일진사, 2014.
- 『출판기획물의 세계사 1, 2』, 커뮤니케이션북스, 2013, 2015.
- 『지역사회와 민주주의를 말하다』, 산지니, 2017.
- 『한국출판문화변천사』(공저), 도서출판 타래, 1992.
- 『현대출판론』(공저), 세계사, 1997.
- 『멀티미디어시대의 전자출판』(공저), 세계사, 1999.
- 『취재기자가 되려면』(공저), 도서출판 대왕사, 2007.
- 『서점의 이론적 기초』(공저), 한국서점조합연합회, 2007.
- 『출판디자인』(공저, 경기도 교육감 인정도서), 대한교과서(주), 2007.
- 『동아시아 출판문화사 연구 I』(공저), 오름, 2009.
- 『한국출판산업사』(공저), 한울, 2012.

※ 연구 참여

- 문화관광부 연구용역 '출판진흥법(안) 제정을 위한 조사 · 연구' 공동연구원, 1999.
- 재단법인 한국출판연구소 연구과제 '세계 도서 정가제 현황 연구' 공동연구자, 2000.
- 사단법인 한국잡지협회 연구과제 '잡지 유통 선진화 방안 연구' 공동연구원, 2002.
- 사단법인 한국간행물윤리위원회 연구과제 '한국간행물윤리위원회 발전 방향' 연구원, 2003.

- 사단법인 한국서점조합연합회 연구과제 '도서정가제 관련 입법 참고자료 OECD 회원국의 도서가격제도 현황' 공동연구원, 2005.
- 산업자원부 기술표준원 연구 과제 '출판 · 인쇄 편집 문장부호 · 교정기호 및 책 크기 표준화' 공동연구원, 2005.
- 문화관광부 연구과제 '출판지식산업 관련 통계조사분석' 책임연구원, 2006.
- 산업자원부 기술표준원 연구 과제 '출판 · 인쇄 표준화 연구 : 편집 용어 중심' 공동연구원, 2006.
- 재단법인 한국교과서연구재단 연구과제 '교과용도서 발행 시스템 표준화에 관한 연구' 공동연구원, 2007.
- 한국출판학회 주관 문화체육관광부 지원 연구과제 '국제출판유통지수 비교연구' 공동연구원, 2009.
- 문화체육관광부 연구용역 '소비자 경품규제 폐지에 따른 도서정가제 정책 방안 연구' 책임연구자, 2009.
- 한국교육과정평가원 연구과제 '교과서 편집 디자인 평가에 관한 연구-「2009년 검정 교과서 편집 디자인 기초 조사」 결과 분석 및 평가 방법 개선' 공동연구자, 2009.
- 한국출판문화산업진흥원 연구과제 '출판산업 실태조사' 사업 자문위원, 2013~2016.
- 두산동아 연구과제 '초등 교과서의 삽화와 사진, 편집의 개선방안에 관한 연구' 공동연구자, 2014.
- 동아출판 연구과제 '교과서 출판 관련 연구의 현황과 과제' 공동연구자, 2014.
- 지학사 연구과제 '효율적 교수 · 학습을 위한 교과서 외형체제 및 편집디자인 연구-한 · 일 초등학교 교과서 비교 분석을 중심으로' 연구책임자, 2015.
- 사단법인 대한출판문화협회 연구과제 '공공기관의 상업출판 행위 실태와 문제점 및 대책 연구' 연구책임자, 2015.
- ㈜미래엔 부설 교과서연구소 연구과제 '한국 교과서 출판 연구에 관한 역사적 고찰' 연구책임자, 2015.
- 천재교육 연구과제 '초등 수학 교과서 관련 연구의 현황과 발전 방향' 책임

연구자, 2015.

- 문화체육관광부 연구과제 '출판문화산업 진흥 5개년 계획(2017~2021) 수립을 위한 조사연구' 자문위원, 2016.
- 문화체육관광부 연구과제 '인쇄문화산업 진흥을 위한 5개년 계획(2017~2021) 수립을 위한 연구' 자문위원, 2016.

찾아보기

ㄱ

ㄴ

ㄷ

ㄹ

ㅁ

ㅂ

ㅅ

ㅈ

ㅊ

숫자 · 영문 · 한자

출판학의 미래

2017년 6월 10일 인쇄
2017년 6월 15일 발행

저자 : 부길만
펴낸이 : 이정일

펴낸곳 : 도서출판 **일진사**
www.iljinsa.com

140-896 서울시 용산구 효창원로 64길 6

대표전화 : 704-1616, 팩스 : 715-3536
등록번호 : 제1979-000009호(1979.4.2)

값 10,000원

ISBN : 978-89-429-1519-4